老年生命教育系列

精神生命 超越当下

——老年生死教育读本

汪堂家 / 著

复旦大学出版社

编委会

导言　让思想的阳光进占死亡的领域

也许，在某些人眼里，我所从事的是一件令人唾骂的工作，这不但是因为我在不自量力地面对一个难以索解的千古之谜，而且是因为本书的主题是二十世纪遭到普遍禁忌的话题。尽管孔子早就发出了“未知生，焉知死”的感叹，斯宾诺莎早就断言“一个自由人绝少想到死，他的智慧不在于死的默念而在于生的沉思”，但是，我始终认为，既然死亡是人人都不可回避的铁的必然性，既然正是死亡界定了人生的基本意义，那么，我们就没理由把死亡排斥在严肃的学术研究领域之外，因为对它的遮蔽既不利于恢复我们对世界、对自己和对人生的真情态度，也不利于我们以洞透人天的深邃眼光去探究各种与死亡相关的文化现象，更不利于我们以严谨的科学精神去实践社会对每个濒死者的人道主义关切。

对于生，似乎每个人都愿意大发宏论，但对于死，人们要么存而不论，要么含糊其辞，要么把对它的探究斥为悲观主义。历史表明，对死的遮蔽导致了死的神秘化。一方面，它束缚了人们的自由思考，妨碍了人与人之间坦率的思想交流，剥夺了人们创造性地完善自身和实现自身的机会，从而造成了个人的生命力的衰退；另一方面，它在实际生活中，使人对死缺乏长期的心理

准备，以至当死亡来临时许多人感到特别焦虑和恐惧。正如不少医护人员所指出的那样，让人在没有任何思想准备的情况下去接受死亡，是极其残忍的做法。人死时的孤独、痛苦和悲哀本来就把人置于极端绝望的境地，而生与死的强烈反差所造成的个人意志力的突然崩溃会彻底摧毁生与死的尊严。在英雄主义日益贬值的今天，直面死亡的勇气成了我们焕发生命热情的最后手段，因此，死之思本身即是发掘人的存在意义和唤起人的生命活力的重要步骤。

思之死总是伴随着死之思，思的领悟意味着“在”的澄明。当哲学毫不隐讳地由生的沉思转向死的冥想时，人们才猛然发现死原来是许多文化现象的活的源头。在人类精神发展的漫长历程中，死激发过人类许多最富创造性的奇思异想，推动了人类自我认识和自我开发的伟大进程。苏格拉底和蒙田早就声称“哲学是死亡的练习”，而诗歌、戏剧、小说、音乐和绘画则把死视为自己的永恒主题。作为文化主体的宗教归根到底也不过是要实现对死亡的超越。因此，脱离了对死的把握，思者之思必将停留于生活的浮面现象，而不能使思真正沉入历史和人性的深处。

多少年来，那些自视随身携带着真理的人们，那些自以为全面地占有思而又懒惰得不愿入思的人们，一直把“死”作为不应思的，引起消极后果的东西排斥出思的领域。殊不知，回避死并不能使我们摆脱濒死时的颤栗，恰恰相反，它只能导致人心为浮躁的情绪所左右，因为死既是思的限界又是思的背景，不能正视死和看破死，我们就永远不能安然领有世界的宁静。思是需要激情的同时也需要沉静的事业，骚动不安的灵魂虽能激起思的

热忱，感受思的颤动，但很难专注于思，沉浸于思，消失于思，它至多只能游到思的近旁。现代人似乎越来越好动，而越来越厌思，至少是不好深思，还有相当多的人压根儿不准备去思。这种倾向(与)死的遮蔽几乎是同步发展的。

思入尽处即是死。只要克服了“死”这个横陈于人生的最后障碍，思就会变得自在起来。但死不仅意味着个人生命的结束，而且蕴含着与各种人生问题息息相关的文化传统和价值取向，正是这些文化传统和价值取向决定我们不能把人的死亡降低为动物的死亡。诚如华尔所说，“死亡本身不仅是一种状态，而且是一种复杂的象征，它的意义因人而异，因文化而异”。如果说死亡和生殖是人类文明的两大焦点，那么，我们从那些凝聚着个人的心理和社会生活的全部丰富性的死亡观念中就可以窥见到文明之潮的涨落。

文明化过程意味着什么呢？意味着思想的开化，世界的开敞和神秘的消散。而生与死作为人世间最大的神秘，只有为思想的阳光所照耀，才能为人类文明所进占。思的通明和死的幽暗既然是相通的两极，那么，思入死亡或使死入思就是文明的最高要求。死的震撼固然使人难以入思。当人为死的忧心所逼，思便最能体验死的力度。

死之思源于人类对自身终极命运的深切关怀，思之死则反衬出死之思对人生的价值与意义。只要人类保持趋生避死的本性，死之思必然与社会的发展共始终。早在古希腊，人们就开始研究死亡的生理病理过程，并在这种意义上提出了一门需要认真研究的艺术。但直到二十世纪随着生物学、医学和心理学的

发展，人们才真正把死亡作为自然过程和社会过程来加以探讨。1912 年，美国社会心理学家罗斯韦·帕克主张建立“死亡学”这门学科，以便研究何为死亡以及人在临死前的反应。此后，瑞士精神病理学家伊丽莎白·屈布勒-罗斯进一步研究了人在死前的反应，并把这种反应分为否定、愤怒、讨价还价、沮丧、接受五个阶段，从而为死亡学的建立提供了可资利用的经验基础。1932 年和 1938 年，英国和美国安乐死协会的相继成立，则是死亡学研究史上的划时代事件。它标志着人类不仅有可能选择自己的生，而且有可能选择自己的死，从而为人类的自我认识和自我调控开辟了新的途径。

本书并不是对死亡观念的历史阐述，也不是对死亡学的一般勾勒。假如读者能把它作为死亡学的引论，那倒更符合我的初衷。不管怎样，其中的所见所闻、所思所想乃是融入了人生经历的死的自觉，而不是在应时之心的驱赶下被迫入思的结果。我常想，要是人心为物性所左右而被迫入思，它始终难以思到所思的尽处。思不尽思最终只会使人迷茫于思，困倦于思，畏惧于思。所以，作者在此所期望的是通过死亡之思来思出一个被净化、被开化的人心。心光似电，方懂生死之奇；思绪如水，才知江河之深。在今天这个大谈生而回避死的世界上，让我们响应思的召唤，从死中去领悟人生的秘义，去领略大地的壮美。

总　序

王伯军

如何看待生命？关键是要从三维视角，即生命的长度、宽度和高度思考生命，加强生命教育，以提升生命质量和生命尊严。

一、三重生命

哲学家李德顺提出，人有三重生命，即肉体生命、社会生命和精神生命。作为大自然的一种生灵，人从生到死，饮食生息，和动物也差不太多，这种有形的生命便是人的肉体生命。社会生命是指人的社会存在；每个人在家庭和社会中都扮演着各种角色，承担着各种权利和责任；每担当一个角色，就有一重社会生命。人的精神生命，就是人的思想和精神的存在。李德顺强调，用养生之术和体育锻炼来加强自己的人，是在珍惜和强化自己的肉体生命；追求成就和奋斗，用业绩塑造自己形象的人，是在珍惜和强化自己的社会生命；献身于真善美的思想和品德的人，是在珍惜和强化自己的精神生命。

教育家朱永新指出，肉身的诞生，是生命的自然事实；交往关系的存在，是生命的社会事实；自我意识的觉醒，是生命的精神事实。这三个事实，构成了理解生命的三个基本向度，即把生

命理解为具有三重意义上的生命：自然生命、社会生命和精神生命。自然生命是指个体的物质存在，如身体、组织、器官等身心系统。社会生命是指个体与人、自然、社会形成的交互关系。精神生命是指个体的情感、观点、思想、信仰等价值体系。人的三重生命之间互相联系、互相制约、辩证统一。自然生命是社会生命、精神生命得以存在的前提；离开自然生命，社会生命、精神生命就不可能存在；自然生命的长度，有效地保障并促进着社会生命、精神生命的继续发展。社会生命也制约着自然生命的丰富和精神生命的提升；每一个自然生命都会被时空所局限，此时社会生命的宽度，影响着人们对自然生命的认知和把握，并从很大程度上决定了精神生命的境界。精神生命则能最大限度地突破自然生命、社会生命的局限，绽放人这一特殊生命体的存在价值；精神生命的高度，是对自然生命、社会生命的最终升华与定格。朱永新强调，要拓展生命的长、宽、高，即自然生命的长度、社会生命的宽度和精神生命的高度；只有集自然生命之长、社会生命之宽、精神生命之高，才能够形成一个立体的人；这样的生命体，也才是一个完整的人。

作家麦家说过，平庸的人有一条命：性命；优秀的人有两条命：性命和生命；卓越的人有三条命：性命、生命和使命。

文学家刘再复强调，如果只有知识和技能，那么人还是平面的，只有长度和宽度；人类知识愈来愈多，宽度和长度增长了，但是缺少一个东西，即缺少第三维度，这第三维度就是人文维度；只有具备了第三维度，人才有深度，生命才是立体的。生命质量就是要求人具有内在深度，具有完整的立体的生命。

我的观点是，生命有三重（三维），即自然生命（肉体生命）、社会生命（伦理生命）和精神生命（人文生命）。大体来说，自然科学的研究对应于自然生命（肉体生命），社会科学的研究对应于社会生命（伦理生命），人文学科的研究对应于精神生命（人文生命）。所以，无论是自然科学，还是社会科学，或是人文学科，其研究如果脱离了生命，那是没有生命力的。就老年生命教育而言，对应于自然生命（肉体生命），重点是以健康为核心的老年生存教育，以延伸生命的长度；对应于社会生命（伦理生命），重点是以幸福为核心的老年生活教育，以拓展生命的宽度；对应于精神生命（人文生命），重点是以超越为核心的老年生死教育，以提升生命的高度。

二、自然生命

从自然生命（肉体生命）的视角看，如何延伸生命的长度，关键是要加强生存教育，实现健康养生的目标。

关于老年人的健康养生，全国老龄办、国家卫计委曾在2013年共同编印并发布《中国老年人健康指南》，共有36条。一是健康生活习惯。如每天睡眠不少于6小时；主动饮水；坚持每天晒太阳；养成定时排便习惯；预防跌倒等。二是合理膳食规律。如膳食以谷类为主，粗细搭配；餐餐有蔬菜，天天有水果；适量摄入肉、禽、鱼、虾及蛋类；经常食用奶类、豆制品和少量坚果；控制油、盐摄入；合理补充微量营养素等。三是适量体育运动。如选择安全有效的运动项目；掌握合适的运动次数、时间和强度；重视脑力活动等。四是良好心理状态。如学会发泄情绪；积极融入社区等。五是疾病自我控制。如随身携带医保卡、自制急救卡和急救盒；学会自我监测脉搏、体温、血压等；生病就诊，谨遵医嘱等。六是加强健康管理。如每年至少做一次体检。

著名中医专家赵建成则指出，健康不等于长寿。健康只能说明身体状况好，而长寿则是说明身体的持久性和延续性，这是两个完全不同的概念。有位老人是北京十大健康老人之一，身体确实很棒，电视里也经常报道他的健身经验。但是，有一天突然查出他体内有两处癌变，肺上是小细胞癌，食管是低分化癌，两种癌都是恶性程度很高的，结果病情发展很快，不久就去世了。可见，健康的人生存质量较好，而长寿的人生命力较旺盛。赵建成强调，简单平静的生活和轻松愉悦的心情最要紧。如果一个人整天焦虑烦躁、担惊受怕、惶惶不可终日，就不会有好的生活质量。人长期在忧愁苦闷的心境下生活，就会衰老得很快，免疫功能也会随之下降，促使其更早地走向死亡。所以，人们特别是中老年人，一定要自寻其乐，常与人交流，不把烦恼的事情放在心上。只有“没心没肺”，才会活得不累。虚云大师活了120岁，是因为他遁入了空门，除却了烦恼事。张学良被蒋介石软禁起来，反倒悠闲自得，衣食无忧，得以延寿百年以上。如果他像蒋介石一样操心劳累，就不可能那样长寿。

程步编著的《百岁传奇——100位百岁寿星的长寿秘诀》强调，从100位百岁寿星的实践来看，其长寿秘诀概括起来有9条：

(1) 吃自己喜爱的东西，定时定量，有节制有规律。

(2) 做个勤劳的人,不停地劳动,既有利于社会和他人,也有利于自己。

(3) 不要幻想不得病,一旦得了病,要信心十足地与它斗争,我们能赢。

(4) 不能私心太重,生活中斤斤计较是跟自己过不去,没病找病。

(5) 受得住委屈,看淡荣辱。人活着难免会遇到飞来横祸,就当它是天灾吧。

(6) 爱我们的亲人,但是得想办法从亲人离去的悲伤中解脱出来。

(7) 学会对抗孤独,人本来就是孤独的,找点方法充实自己。

(8) 按照自己的喜好理直气壮地活,走自己的路,让别人说去吧。

(9) 我们能行,不论是内因的基因还是外因的环境,我们都能活到 100 岁。

三、社会生命

从社会生命的视角看,如何拓展生命的宽度,关键是要加强生活教育,实现幸福养心的目标。

中国老年学学会老年心理专业委员会秘书长杨萍对我国老人不幸福的原因进行过深刻的分析。一是家庭关系:空巢无助最难熬。有人用"出门一把锁,进门一盏灯"来形容空巢老人的

孤独和寂寞。有一项针对老年人的调查，半数以上老人认为，与(孙)子女相聚，是他们生活中最高兴的事情，子女经常回来探望成了他们最大的期待。但难以如愿的是，孩子们或在外地工作学习，或过于忙碌，无暇顾及，老人空巢的现象越来越严重。二是自身因素：衰老得病没自我。从老人自身的角度看，疾病缠身、不爱出门、没有自我这三大因素在很多程度上影响着他们的幸福感。三是社会氛围：尊重支持都不够。不得不承认，我们的社会习惯向“下”看，更关注儿童，而不习惯向“上”看，对老年人的尊重和支持均不够，整个社会没有形成敬老爱老的氛围，这也会让为社会奉献一辈子的老人很受伤。四是社区服务：便利设施被忽视。进入老年后，社区成了老人最重要的生活场所。部分社区会积极组织各类丰富的活动，吸引老人参加。不过，很多我们不曾注意到的细节，也可能影响老人的幸福度。比如社区信息栏里，宣传信息太小或有玻璃覆盖导致反光，看起来太费劲；有的社区用网络、微信发布信息，组织活动，这对很多老人来说有一定的难度。虽然这些技术让沟通越来越方便，但社区更应该从老人的实际出发，想出一些让他们更容易接受的办法。

中国科学院心理研究所老年心理研究中心主任李娟则认为，老人若有更多积极的情绪，不但能提升幸福感，更有助于健康长寿。为此，李娟开出了一剂快乐妙方，送给所有的老人。

(1) 想生气时数到10。

(2) 积极参加志愿活动。

(3) 多到外面走动。

(4) 不滥用药物和饮酒。

（5）学会和他人分享。

（6）学会倾听和理解。

（7）拒绝不好的人和事。

（8）适当糊涂点。

北京电力医院健康管理部副主任医师董静特别强调，子女要多关心老人。俗话说的“老小孩”现象，即老年人会像小孩子一样生气、要赖、闹脾气，是有原因的：第一，人老了，性格、脾气和习惯都会发生变化。与年轻人相反，老年人的神经质水平会随年龄增长而升高，责任心会越来越弱。由于衰老和认知能力下降，老年人感觉自己不像从前那样凡事尽在掌握中，从而出现焦虑感和不安全感，变得挑剔、内向、不容易相处。第二，老年人若得不到子女的关爱，往往会情绪不稳定，这就像婴儿没吃到奶会大哭一样。第三，有些老人闹脾气可能是疾病在作祟。董静指出，面对正在闹脾气的老人，子女要抱着关爱和包容的态度，分析问题，有的放矢，不要急着辩解或生气，要先考虑自己是否做得足够好，父母是否有疾苦难言。给父母足够的安全感，他们就会更平和。网上流传的一段话让人十分感动：“小时候，父母教你用勺子和筷子。当他们老了吃饭弄脏衣服时，请不要怪罪；如果有一天，他们站不稳、走不动了，请你抓住他们的手，就像当年他们牵着你蹒跚学步一样……”人老了难免会失误、“闯祸”，此时就需要子女反过来关爱、包容父母。比如，老人会不小心把饭做糊了，或是为了补扣子把衣服剪坏了。遇到这种情况，子女不要一味地指责，不妨开个小玩笑：“妈，您真是老了，要是我小时候这样，你非骂我不可。”一笑之间，老人的尴尬也消散了。

四、精神生命

从精神生命的视角看，如何提升生命的高度，关键是要加强生死教育，实现超越当下的目标。

卢丹丹介绍，美国幼儿园和中小学，有专门的“死亡教育”课。老师根据生活中的事例，如幼儿园饲养的小动物死亡、班里一个同学生病去世等，来帮助孩子们正确认识死亡：老师会让孩子坐在自己的周围，简单明了地告诉孩子坏消息，毫不含糊地解释：死亡，就是永远不会回来，不管我们多么伤痛，也改变不了这件事。老师会带孩子通过各种方式来纪念，有时还会安排一个特殊的时间，把大家聚在一起，回忆曾经的点滴，让孩子在此过程中学会忘却与珍藏。此外，学校还会邀请专业殡葬人员或重症监护室的护士给孩子上一堂别具一格的“死亡课”。“特邀专家”们会和孩子讨论人死时的真实情景，并让孩子们模拟亲人遭遇车祸等死亡的各种情况，让他们体验突然成为孤儿的凄凉、教他们应对悲痛情感：诚实地接受“坏消息”，释放自己的情绪，提高抗挫折能力，树立健康的人生态度。在此过程中，孩子会产生对待死亡的真实情感。

北京松堂临终关怀医院院长李松堂认为，死亡每天发生，但我们对它的探讨远远不够。或许，迎接生命的诞生、享受青春的美好和拒绝死亡的冷漠都是人类本能。但如果我们不能坦然面对生老病死的规律，没有正视和讨论死亡的勇气和智慧，那么对生命的参悟可能也难言完整。除了社会上对死亡话题的回避，

我们的教育体系对此也鲜有专门关注。从幼儿园到博士后，我们的教学大纲中没有一堂有关完整生命的教育课。对死亡有所准备的人，在临终时可能会少些遗憾、恐惧和痛苦。而让临终者在死前有尊严、有质量的生活，也是整个社会的责任。因此，正确对待死亡是每一个人都应具备的生命文化。加强有关死亡的教育，促进有关死亡的深入探讨，更是能够代表一个社会的进步。在这方面，我国各个层面还需做出更多努力。

白剑峰指出，随着现代医学的进步，人类拥有了延长生命的强大技术手段。人的一生，很大一部分医疗费都花在了终末期抢救上。然而，包括呼吸机在内的生命支持系统，对于急性病抢救的作用很大，但对于慢性病救治的作用却甚微。尤其是对于晚期癌症患者，临床医生一般只建议进行姑息治疗，而不主张全力抢救。事实上，一个没有自主呼吸的患者，完全可以靠各种插管“活着”，但除了耗费金钱之外，这样的“活着”几乎没有任何价值，患者痛苦，家人受累。如果放弃临终抢救，既可以让饱受病痛折磨的患者得到解脱，也可以让家庭避免人财两空的悲剧。白剑峰介绍，近几年，一些医学界人士大力倡导通过立法推行“生前预嘱”。鼓励人们在健康和清醒的情况下，自愿选择离世的方式。即当生命走到尽头的时候，是要求通过切开气管、心肺复苏等措施来延缓死亡，还是要求平静自然地正常死亡。“生前预嘱”并不是“安乐死”，而是允许患者按照自己的意愿不选择生命支持系统。医生根据患者的意愿，可以不使用或停止使用生命支持系统。对因停止使用生命支持系统导致的死亡，医生不负法律责任，患者也不被看作是自杀。

2017年3月12日，知名作家琼瑶公开了一封写给儿子和儿媳的信，透露她近来看到一篇名为《预约自己的美好告别》的文章，有感而发想到自己的身后事，认为万一到了该离开之际，希望不会因为后辈的不舍，而让自己的躯壳被勉强留住而受折磨，也借此叮咛儿子、儿媳别被生死的迷思给困惑住。

“(1) 不论我生了什么重病，不动大手术，让我死得快最重要！在我能作主时让我作主，万一我不能作主时，照我的叮嘱去做！

(2) 不把我送进‘加护病房’。

(3) 不论什么情况下，绝对不能插‘鼻胃管’！因为如果我失去吞咽的能力，等于也失去吃的快乐，我不要那样活着！

(4) 同上一条，不论什么情况，不能在我身上插入各种维生的管子。尿管、呼吸管、各种我不知道名字的管子都不行！

(5) 我已经注记过，最后的‘急救措施’，气切、电击、叶克膜……这些，全部不要！帮助我没有痛苦的死去，比千方百计让我痛苦的活着，意义重大！千万不要被‘生死’的迷思给困惑住！”

琼瑶在信中还强调：“无神论等于是一种宗教，不要用其他宗教侵犯我。”“你们也知道，我和鑫涛，都是坚定的‘无神论者’，尤其到了晚年，对各种宗教，都采取尊重的态度，但是，却一日比一日更坚定自己的信仰。我常说：‘去求神问卜，不如去充实自己！’我一生未见过鬼神，对我来说，鬼神只是小说戏剧里的元素。但是，我发现宗教会安慰很多痛苦的人，所以，我尊重每种宗教，却害怕别人对我传教，因为我早就信了‘无神论教’！

提到宗教，因为下面我要叮咛的，是我的‘身后事’！

（1）不要用任何宗教的方式来悼念我。

（2）将我尽速火化成灰，采取花葬的方式，让我归于尘土。

（3）不发讣文、不公祭、不开追悼会。私下家祭即可。死亡是私事，不要麻烦别人，更不可麻烦爱我的人——如果他们真心爱我，都会了解我的决定。

（4）不做七，不烧纸，不设灵堂，不要出殡。我来时一无所有，去时但求干净利落！以后清明也不必祭拜我，因为我早已不存在。何况地球在暖化，烧纸、烧香都在破坏地球，我们有义务要为代代相传的新生命，维持一个没有污染的生存环境。

（5）不要在乎外界对你们的评论，我从不迷信，所有迷信的事都不要做！‘死后哀荣’是生者的虚荣，对于死后的我，一点意义也没有，我不要‘死后哀荣’！后事越快结束越好，不要超过一星期。等到后事办完，再告诉亲友我的死讯，免得他们各有意见，造成你们的困扰！”

2017 年 3 月 16 日，琼瑶在接受《生命时报》专访时指出：“人该走的时候就走，不要强留”。“我一直认为，人不能选择生，也不能选择死，是一件很悲哀的事情。人生是很艰苦的旅程，对任何人来讲都是。你们可能认为我很风光，其实不然。我困苦的一面，痛苦的一面，我如何在充满负能量的环境里维持正能量，那是属于我的挣扎。活到今天，我已经看透了生死。身边许多和我同龄的人，有的老了，有的重病，有的失智，有的走了。我也看到，很多病人因为家属的不舍，只能卧床，一直没有意识，不能行动，大小便失禁，无法和家庭沟通，感觉不到爱，也没办法把自己的意识传达，他在医院可以一躺七八年，甚至 10 年。我的好友、新竹清华大学校长沈君山，以前经常在我家高谈阔论，现在就是一个'卧床老人'。我很不忍，这样躺在医院，会让他的亲人日日夜夜受煎熬。”琼瑶还说：“台湾人现在越来越长寿。我这篇公开信发表后，有人贴了一张表说台湾人的长寿其实是虚假长寿，因为很多'卧床老人'也被算做长寿人口。我觉得死并不悲哀，是必经之路。我这篇文章是针对老年人和得了不治之症的人说的，并不是鼓励在健康的时候选择安乐死。安乐死有许多条件，尊严死也是如此。现在台湾终于通过'病人自主权利法'，我觉得是个喜讯。死亡会让活着的人感到悲哀，这是一定的，但每个人都要面对它，然后放下它。”

综上所述，我们既要生得好、活得长、病得晚，还要死得快。开国大将罗瑞卿的女儿、公益网站“选择与尊严”创建人之一、尊严死提倡者罗点点认为，“生得好、活得长、病得晚、死得快”这 12 个字，是关于生命质量的精辟总结。据说，这个有关生命质量的精彩提法，最早是由北京中医药大学原副校长牛建昭教授介绍的，它来自美国加州大学担任教授的一位智者。不难理解，其中的“生得好”就是我们通常说的“优生”，不但五官端正，更重要的是没有疾病，尤其是没有遗传病。“活得长”当然就是能长寿。“病得晚”是说要健康，不是保证不生病，而是让疾病晚点来。至于“死得快”，“虽然听上去有悖国人观念，但仔细想想，既然死亡是自然规律，每个人都一定要死，那当然死得快比死得慢好，既减少痛苦，又不拖累家人朋友。一个人的生命能有这样的质量岂不是太精彩了？当然，死是一件郑重严肃的事，而'生前

预嘱’正是帮助我们认真安排死亡，争取‘死得快’的最好办法。”

我非常欣赏罗点点的这段话：“文明发展不仅延长人的寿命，更使人日益关心生命质量包括死亡质量。虽然这对每一个人来说都是天大的问题，可这言简意赅的 12 字诀‘生得好、活得长、病得晚、死得快’，却一语道破了全部玄机。”

王伯军
上海开放大学副校长
上海市学习型社会建设服务指导中心副主任
2017 年 6 月

目 录

第一章　死亡的自然性与文化性

这里所说的死亡是人的死亡，只有人才懂得死亡，只有人才去关照死亡、领悟死亡、述说死亡。然而，死亡是什么呢？

古往今来，这个问题既引发了哲学的玄思，也主导着医学的求索。社会的死亡意识则是各种观念的综合。其中不乏实在的因素，也不无幻想的成分。只要人生活在社会中，生活在文化中，生活在语言中，他的死就不可避免地带有非自然的色彩。因此，对死亡的追问只能在自然与非自然之间。

苏格拉底明言："死是两种境界之一，或是灵魂与肉体俱灭，死者对任何事物都无知觉，死就如平时沉睡无梦的睡眠，一定是一个奇妙的境界；或者如世俗所说，死亡就是灵魂从一处移居到另一处，如此，人可以到另一个世界中去会见以往所有死去的人，那也是一种莫大的幸福。"

历史一直在苏格拉底所提出的两种假设之间进行着艰难的选择。前者把死亡视为纯粹的自然过程，因而有可能预示着人将把人的死亡降低为非人的自然物的毁灭。后者则关系着活人对无法亲历、无法印证、无法测知的死后生命的向往与渴念，因而多少肯定了人可以带着浸透了人的文化性的一切进入一种超乎人世的非自然状态。

其实,死亡的自然性和文化性逻辑上隐含在人生的历程中。在我们这个重死的国度里,对后者的强调更是达到了无以复加的地步。比如,从产生无数伤逝悼亡之作的文学艺术到强调不着意生死处看破生死的佛家冥想;从沉浮于"在世"之烦恼的日常意识到注重节操的政治—伦理文化,都可以看出人们对自身命运的终极关怀。人们对死的重重思索,各种繁多的丧礼,各式各样的墓葬,可以使我们发现各种文化的心理差异以及表现这些差异的文化壁垒,找出这些文化在更高层次上获得会通的现实根据,并由此获得审视和拓展文化境域的崭新角度。鉴于此,本章将不仅讨论死亡的自然性,而且要着重讨论死亡的文化性。

一、死亡的自然规定

如果撇开死亡概念中种种文化因素,排除迷信这一概念的各种抽象思辨和随意猜测,我们将会发现,死亡首先是一个自然过程,它意味着生命现象的终结。但如何才能判定生命的终结呢?要回答这个问题我们就得弄清死亡的定义和标准。

死亡标准的确立取决于生命科学,特别是医学技术的发展水平。在现代社会里,如何确定死亡不仅直接关系到医务人员是否应该对某个病人进行抢救,而且关系到家属对尸体的处理(如下葬、火化)以及器官移植等方面的法律制度和伦理观念。

1951 年美国出版的《布莱克法律词典》把死亡定义为:"血

液循环全部停止以及由此导致的呼吸脉搏等动物生命活动的停止。”这一标准被称为心肺死亡标准，它是以几千年来人类对死亡过程的日常观察为基础的，并且集中体现了人类对心脏功能的重要性的认识。

在历史上，我们的先辈几乎都相信心脏是思维的器官，是生命过程的主宰，因此，孔子说：“哀莫大于心死。”亚里斯多德说心是智慧之源。由于人们普遍把心脏作为生命的代表性器官，心死成了人死的代名词，而医生们也相应地把患者的呼吸和心跳停止诊断为临床死亡。但是，根据这种标准进行死亡鉴定导致了许多反常情况的出现。中外文献中不乏“死人”从墓穴里爬出来的记载。在我国的落后地区，人们在启棺安葬在地面停放多年的死者时，屡屡发现尸骨的位置与死者入殓时的位置不大相同。这说明，那些死者在被宣布为死亡后，心脏又恢复跳动并且移动过自己的身体。很显然，这些无可挽回的损失是运用心肺死亡标准造成的。

1962 年，苏联物理学家兰道遭车祸后心脏停止了跳动，血压降为零。按传统的死亡标准，兰道已经死了，没有再抢救的必要，但医生们相继对他抢救过四次，并且每次都使他恢复了心跳。直到 1968 年他才由于肠道受损而逝世。这一事例直接表明，呼吸和心跳停止并不等于生命过程的终结，因此，不能成为衡量一个人是否死亡的标准。

二十世纪中叶，心肺死亡标准随着心脏移植手术的成功和人工心肺的产生而受到更加严峻的挑战。1967 年 11 月，柏纳德(Barnard)在南非首次成功地施行了心脏移植手术，从而彻底推

翻了心死意味着人死的结论。1982 年,美国科学家戴弗里(Devriers)制造出了第一个人工心脏,尽管这个心脏代替病人的心脏仅仅跳动了 112 天,但它开创了生命科学的新纪元,同时也从实践上迫使我们放弃原来的死亡标准。既然置换心脏并不影响一个人的个性特征和人格的同一性,那么,换过心脏的病人仍然是作为原来的人而生活在世界上,因此,病人心脏功能的丧失并不等于人的生命过程的终止。

鉴于以上情况,人们开始广泛探寻新的死亡标准。1959 年,莫拉尔(Mollaret)和古龙(Goullon)建议把脑死亡作为人的死亡标准。1968 年世界卫生组织进一步把这个标准具体化:对环境失去一切反应、反射与肌肉张力完全丧失、自主呼吸停止、动脉压陡降、脑电图平直。同年,哈佛医学院也把脑死或不可逆的昏迷作为人的死亡标准,其中包含四个规定:(1)对外部刺激和内部需要失去感受能力和反应能力;(2)呼吸不可逆地停止;(3)脑干以及脑干支配的一切反射消失;(4)脑电图平直,除体温低于 32. 2℃和服过抑制类药物的病例外,如果经过 24 小时的反复观察,符合上述四条标准者均可判定为死亡。

虽然到目前为止,世界上还只有 10 多个国家在法律上和医学上接受了上述死亡标准,但它带来了死亡观的巨大变革,因为脑死亡概念的产生不仅意味着人们已经在理论上和实践上最终肯定了生命中枢是大脑而不是心脏,而且意味着人们对死亡的认识已经从传统的生物医学模式转向了生物-心理-社会医学模式。脑既是生命的主宰又是思维的器官,而思维正是人的社会性的根本体现,是人类与兽类的本质区别之所在。人一朝无思,

就一朝无“我”，无社会，无世界，所以，脑功能的全面丧失，特别是思维的丧失，实际上已经表明人已从人类的世界上完全消失。人的四肢和五脏六腑可以置换，但这种置换只会引起外形的改变而不会影响人的社会特征和人格同一性。今天，人可以移植猴脑，甚至可以用微电子原件代替脑中的某一种神经部位，然而，移植的人脑已非原来的人脑，再造的人脑也必须经历重新学习的过程。这就使得人格的同一性被彻底打破了，被置换头脑的那个人实际上已经离开了人世，因为尽管人的身体还活着，但它完全是受另一个头脑的支配，以这个头脑为物质基础的气质、性格、情感、意志、思维方式、价值观念以及其他显示人的一切社会特征的东西都与以前大相径庭。既然正是人脑决定一个人与另一个人的本质区别，那么，移植和再造人脑本身就意味着人的死亡。所不同的是，这种死亡并非肉体的完全毁灭，因而亦非生命过程的绝对终止。

在现代医学中，死亡被分为濒死期、临床死亡期和生物学死亡期。在临床死亡期，脑功能会不可逆地丧失，在生物学死亡期，人体的新陈代谢相继停止，体细胞完全死亡。因此，严格说来，只有等到生物学死亡结束，人的生命才算完全毁灭。如果有朝一日人脑能够置换或再造，谈论生物学死亡期也就没有多大意义。但我以为，脑死亡标准仍能适用，因为衡量一个人死亡与否最关键的是要看表现其社会特性的意识功能是否消失。

从理论上说，任何标准都有自身特定的适用范围，死亡标准也不例外，如果现实中出现了不符合死亡标准的反例，我们就应

当问一问，我们的观察方式和检测手段是否可靠，如果反例过多，我们就应当怀疑这种标准是否适用并且考虑制定新的死亡标准，在目前情况下，根据脑死亡标准而作出的死亡判断已极少出现“死而复生”的现象。不过，有个 15 岁的以色列男孩在被诊断为脑死亡之后，经抢救，两周后又观察到他有微弱的脑电活动。但这并不能证明他恢复了意识，更何况他最终亦未能复活。所以脑死亡标准比传统的心肺死亡标准更能客观地反映个人死亡的事实。

尽管如此，脑死亡标准的推行还是遇到重重阻力，这不仅是因为各种习惯势力、传统观念和法律制度不可能一下子适应新的情况，而且是因为大脑和心脏本是一个相互联系的整体，在现代医学还不能将它们绝对分离的情况下，心死会马上导致脑死，从而导致人死，况且，脑死还是一个比较模糊的概念，我们可以把它理解为全脑死亡或脑干死亡，也可以理解为大脑死亡或新皮质死亡。脑死过程的阶段性和层次性是我们必须对脑死本身作更加详细的规定，否则会影响人们对待死亡的操作过程，不管现在的争论多么激烈，我相信，脑死标准总有一天会成为众所公认的客观标准。

二、死亡的文化规定

美国普利策文学奖获得者恩斯特·帕克在风靡一时的著作《死亡的否定》中写道：“在达尔文之后，死亡问题作为进化问题处于首要地位。许多思想家随即看到，它是人类的主要心理问

题。"[①]在此，帕克的确道出了死亡问题的重要地位。然而，死亡问题不仅是生物学、病理学和心理学的重要问题，而且是文化学的重要问题。我们必须区分和综合生理学意义上的死亡和生存论意义上的死亡。前者涉及死亡的自然规定，后者涉及死亡的文化规定，只有充分了解这两种规定才能获得完整意义上的死亡概念。

众所周知，人不仅是自然存在，而且是社会和文化的存在，人不仅是肉体的存在，而且是精神的存在，所以人的死亡并不仅仅意味生命的终结。正因为人是精神的存在，他就可以超出感性的个别性，并借助这种个别性而上升到概念和普遍性。当精神达到一定的阶段，自我离感性的东西越来越远，精神反而更能接近实在性。换言之，精神是在最终离开现象界的时候才能彻底地把握现象界，并给世界赋予意义和价值。因此，我们不能把具有精神的存在者的死简单地归结为没有精神的存在者的死，因为在精神里可以看到由死产生的不死的可能性。死亡作为生命的最高界限和可能性不仅从反面规定了生命的意义，而且本身就包涵着人的自然规定和文化规定。

大量的人类学资料表明，人类最初是从超自然方面，从社会文化方面，从被自身制度化和仪式化的社会行为方面，而不是从人的生理心理方面去理解自身的死亡的。据 Spencer, Gillin, J. Rescoe 等人的研究，澳大利亚的土著 Mugonda 人认为死是由

① Ernest Becker, *The Denial of Death*, New York: The Free Press, 1973. P11.

鬼造成的，Fong 人认为死是由巫师造成的，Cherokee 人认为死是恶灵、咒师造成的；至今仍有许多非洲人相信，人的死亡都是横死。不管这些处于原始文明中的人对死的看法多么千差万别，有一点是共同的，他们都力图到自然过程以外去寻找死亡的原因。正因为如此，死对他们具有极端的神秘性。由于死与巫术有着如此密切的关系，死亡的方式在很大程度上影响着巫术的发展，巫术则反过来给死赋予了不同的意义。在与死亡相关的巫术支配着人类生活的时候，“没有一个人可以离开巫术行事，甚至没有人有取消巫术的想法，每个人都或多或少地倾向于怀疑自己的邻人随时在采用巫术，同时又可能成为这种怀疑对象”①。马林诺夫斯基也发现，在 Trobiand 人那里，“疾病、健康或死亡是巫术或反巫术造成的结果”②。巫术引起人们对死亡的忧虑，同时又减轻了这种忧虑。他们把疾病或死亡归因于巫师，意味着死亡不被看成自然现象，而是被看成人为的现象。而巫师作为社会文化活动本身包含着许多不断得到完善的技巧、仪式，包含着人的各种原始而又近乎神秘的文化态度与感情。

如此看来，在原始的文明中，死亡现象首先是一个文化现象，其次才是一个自然现象。如果不了解这一点，我们就很难理解死亡事件对原始人的社会行为的影响，也很难理解死亡现象在人类生活中的意义。

---

① 列维-布留尔：《原始思维》，丁由译，商务印书馆，1985 年，第 271 页。

② B. Malinowski, *Argonauts of the Western Pacific*, Routledge, 1984, p. 73.

在此，我们不妨进行一下语言分析，这也许可以大大有助于我们揭示死亡的各种文化意义。据不完全统计，汉语中表示死亡的词多达150余种，这是任何一种西方语言都无可比拟的。更有趣的是，汉语中表示死的词还多于表示生的词。人死的年龄，死的方式，死者的社会地位，生者与死者的关系，生者对死者的态度无一不体现在人们对死的称谓之中。这种奇特的语言现象不仅从一个侧面折射出中国人对死的体验的广度和深度，而且强化了中国人面向古人、面向历史和重视死亡的心理。为了表示生者对死者的敬畏，减轻生者对死亡的恐惧，缓解死亡给人带来的痛苦，人们常常讳死言“殂”、言“逝”、言“去”、言“千古”、言“归西”等。由于中国皇帝具有至高无上的社会地位，他的死也相应地具有特殊的说法，如“晏驾”“驾崩”“山陵崩”“殂落”①。对于死，道家有“跨鹤西游”之说，佛家有“圆寂”（归寂、示寂、入寂）、坐化（物化、恒化、鹤化）之谓，年少死亡被称为“夭折”，死在外地被称为“客死他乡”，靓女弃世被称为“玉殒香消”等。所有这些不但反映了中国人的慎终追远的心态，畏死的真切心情和达观的生死态度以及社会的等级观念，而且表现出中国人给死亡这个人人都不可逃避的自然必然性涂上了最为丰富的感情色彩，从中也可以看出中国人对死亡意义的普遍压抑。

不仅如此，死亡作为人生的重大事件，作为个人最本真的可能性，似乎只有通过转化为社会过程才能获得自身的现实性。

---

① 诸葛亮《出师表》，“先帝创业未半而中道崩殂”；《尚书・舜典》：“高乃殂落”；《尔雅・释诂》：“殂落，死也。”

如果说生是分阶段完成的，那么，死也是分阶段完成的。在这个通过各种偶然性体现出来的自然过程中渗透着个人与个人的关系，个人与群体的关系以及个人与传统关系。但是，这些关系在生命的自然性面前悄然隐去了，于是，人们首先看到的是自然的必然性或死亡的自然性。因此，人们往往在自然的意义上把死亡定义为："血液循环的完全停止，呼吸、脉搏的停止。"今天则有越来越多的人相信，人脑的死亡即意味着人的死亡。但是生存论意义上看，确定人的死亡必须涉及人的自然过程以外的东西，必须涉及人的社会文化规定，死并不仅仅意味着心跳的停止或大脑的死亡。在人类历史上许多人相信，"死人只是在结束丧期的终结仪式举行以后并只是由于这次仪式才成为完全的死"①。所谓"完全的死"是指死人与活人彻底脱离了关系。在许多原始人或部分文明人看来，要断绝死人与活人的联系就必须举行一定的仪式，这些仪式不仅使个人的死获得了群体的确认，从而使死亡事件成为社会事件，而且生者通过对死者的哀思之情充分意识到自己与死者的区别，并重新确立死者与群体之间的新型关系。据人类学家们的调查，加拿大的印第安人常常是在人实际断气之前就举行丧礼并随即把他埋掉，阿比朋人亦大致如此。但在一般情况下，宣布死亡的仪式是在人实际断气之后进行的。在不同文明中，确定死亡的时间自然是不同的。法国学者赫兹在《死亡的集体表象》中记载，在苏兹人那里死是分阶段完成的，只有把从生者头上剪下来的头发埋葬之后，一个人才算真正死

① 列维-布留尔：《原始思维》，丁由译，商务印书馆，1985 年，第 333—334 页。

了。东非和澳大利亚的土人则认为，只有肉体腐烂，死亡才告完成。中国的不少地方有回丧的习俗，回丧之日的各种仪式除了表示生者要消除对死亡的恐惧外，还标志着死亡过程的最终完成。《颜氏家训》云："偏旁之书，死有归杀，子孙逃窜，莫肯在家；画瓦书符，作诸厌胜；丧出之日，门前燃火，户外列灰，祓送家鬼，章断注连。"①一望即知，这里的"画瓦书符，燃火列灰"是死亡具有象征意味，它把人为的、社会的因素注入死亡的自然过程中，从而在死的自然性之上加入了死的文化性。

然而，死并不意味着一切生命活动和一切存在形式的完全消失。汉语中有"永垂不朽"和"虽死犹生"的说法，这反映了人们潜意识里希望灵魂不死，反映了人们对生的留恋，同时也体现了死的文化性：死亡是一个有待人们去填充的空洞，它的意义随着文化传统的改变而改变。许多事实表明，关于死亡的风俗是人类社会中最持久的风俗，而"包括婚姻、巫术、种植、经济交易中的各种态度在死亡时的行为方面都有最强烈的表现"②。从这种意义上说，我们常常能从死亡现象中发现人类文化的萌芽，也看到通过各种习俗表现出来的普遍心理。

死亡是人类存在的总体现象。如果我们仅仅把它看成单纯的自然过程，那么，我们不仅不能说明人的死亡与物的死亡之间的本质区别，而且无法理解许多死亡相关的文化现象。即使是由纯粹的自然因素导致的死亡，它也多多少少打上了社会和文

---

① 《颜氏家训》卷二。

② 本尼迪克特：《文化模式》，王炜译，华夏出版社，1987 年，第 125 页。

化的烙印。今天，人类比以往任何时代都更深地陷入了这样的困境：一方面，随着社会的发展和文明的进步，人类越来越多地把死亡归结为自然过程，而抛弃了以超自然的原因来解释死亡现象的做法，从而减少了人们对死亡的神秘感；另一方面，人类越来越疏远自然，核武器和辐射尘的出现作为人类疏远自然的象征，已把人置于无所适从的境地。两次世界大战的教训和愈演愈烈的核竞争，使我们深深地意识到，对人类生存的最大威胁已经不再来自自然，而是来自人类自身。确切地说，造成死亡的自然因素随着社会的进步相应减少了，而引起死亡的潜在的社会文化因素正在急剧增加。在古代，人类用自己时代的最高文化去为死亡服务（埃及的金字塔和中国的秦皇墓就是明证），而今天人类却用最尖端的科学技术去制造死亡（制造杀人的核武器）。大工业的发展一方面为人类带来了福音，另一方面也造成了前所未有的疾病。这样我们就不能不透过死亡这个不可回避的现象去重新审视人类的前途，重新思考文明的宿命，重新发现人类生存的可能性。这也使我们不能不提出一个耸人听闻的问题：迄今为止的人类文明是否走错了道路？

三、丧礼：以生饰死

丧礼是一个十分普遍的文化现象，它既显示了人类生死的秘义，又浓缩了人类的悠久文明，也反映了人类的共同心理，还以典型的制度化形式同化和保持着不同文明的异质因素，并维持着各个民族的文化传统。在一切民俗中，丧礼的形式之所以

保持得最为悠久，变化最为缓慢，乃是因为它涉及人性的最深刻、最内在的方面。

荀子曾就举行丧礼的原因和意义做过如下分析：

> 丧礼之凡：变而饰，动而远，久而平。故死之为道也，不饰则恶，恶则不哀；尒则玩，玩则厌，厌则忘，忘则不敬。一朝而丧其严亲，而所以送葬之者不哀不敬，则嫌于禽兽矣。君子耻之。故变而饰，所以灭恶也；动则远，所以遂敬也；久而平，所以优生也。①

荀子的看法代表了几千年来中国人对死亡的基本态度。对他来说，丧礼体现了礼之极致，因为一切礼都只不过是讲究养生送死之道，这也就是他所谓的“礼者，谨于治生死也”。但是，丧葬之礼是“礼仪之法式”，是臣重其君，子重其亲的最后机会。在这里，人道完成，天数已尽。如果说生是人之始，死是人之终，那么，要达到始终俱善，就必须敬始慎终。也正是在这种意义上，荀子认为，厚生薄死是奸人之道，信叛之心。这种观点也许有偏颇之嫌，但也道出了丧礼的实质：“丧礼者，以生者饰死者也，大象其生以送其死也。”②一个“饰”字道破了举行丧礼的心理根源和社会根源。这里的“饰”字不仅意味着“整饰”，而且意味着“美化”和“掩盖”。问题在于，人类为什么要以生饰死呢？

---

① 荀子：《礼论》。

② 同上。

古往今来，死往往是人类最忌讳的话题，讨论死甚至需要很大的勇气，因为死亡的震颤把人抛入了极度的焦虑不安和阴森恐怖的情境之中。在人类社会的早期，人们并没有清楚地意识到，对死后世界的宗教感情诚然能使人以超验的眼光去看待现实世界，给人带来心灵的慰安。但是宗教所设定的那种空虚渺远的彼岸世界牺牲了现实的人生，人们幻想能以暂死来渡常生，相信人类“越死于自己就越活于天主”。但在现实生活中，他们时时碰到死亡事件，因而不得不一再面对死亡的现实性。当人类找不到克服死亡情绪的有效方式时，对死的内在恐惧就迫使人们不断地压抑死亡的意识，正因为如此，在日常生活中人们常常轻描淡写地谈论“某某人死了”，仿佛死亡与自己毫无关系。尽管他们确知人终有一死，但总是把这个不知何时发生的事情推到遥远的未来。此外，许多人在谈论死亡问题时总是躲躲闪闪，或者千方百计地掩盖死的事实，甚至违心地劝说濒死的病人相信不久即将重返他们过去的世界。据屈布勒罗斯的研究，濒死者一开始总是对死亡采取不接受以至否定的态度①，而丧失亲友的人们几乎都幻想过死者的复活。

所有这些都不过反映了人们畏死的普遍心理以及对死亡意识的压抑，丧礼则以公开的形式满足了这种需要，因为它可以在人们不得不承认事实时尽量掩盖死、削弱死，减轻死亡给人带来的恐惧。在人类社会中：“死亡是生活给予最直接的冲击，它威胁着团体的团结，尤其当死者是成人时，就会要求有巨大的再调

① Kübler-Ross, Elisabeth, *On Death and Dying*, New York: Atheneum, 1969.

整，并常常意味着给生者造成孤独、凄凉与悲哀。”[①]在许多情况下，为死者举行葬礼之所以有举足轻重的意义，不仅是因为它以社会化的惯例的形式割断了死者与生者的联系，巩固了死者生前在人们心目中的地位，而且通过丧礼，死者亲属可以获得社会的普遍同情和支持，并且让社会来承担个人的悲哀。从这种意义上说，人们把对死者的安慰实际上变成了对自己的安慰。丧葬之礼与其说是为死者举行的，还不如说是为活人举行的，因为死亡的意义并不在于死人而是在于活人。同时，由于丧礼向生者暗示了他们的未来（死亡是人的宿命），人们总是力图用生活的美好去淡化死亡的悲哀。

在举行丧礼之际，人们为死者准备了色彩斑斓的棺材，对遗体进行精心的处理，在死者周围放上鲜花和松柏，向死者献上挽联和花圈，用千篇一律的悼辞为死者歌功颂德，相信死者“永远活在我们心中”。在中国的不少地方，人们把结婚称为“红喜”，把死亡称为“白喜”，在丧礼之后要办酒席，就像结婚要置办酒席一样。另外，中国人常把棺材称为“寿材”或“长生”，把为死者准备的衣服称为“寿衣”，所有这些都不过是用生美化死、冲淡死、掩饰死，使人们尽量不觉得死之可悲。

据说，在加拿大，活人总是从身上解下最宝贵的东西打扮死人，他们常常开启死人的坟墓，给死人换衣服，他们宁可自己挨饿，也要给死人准备食物。[②] 在伊斯列塔，举行遗体告别仪式之

① 本尼迪克特：《文化模式》，王炜译，华夏出版社，1987 年，第 125 页。

② Charlevoix, Journal d'un Voyage dans L'Amerique Septentrionale iii, p372.

前，主持仪式的祭司要设一个祭坛，并把死者生前的东西放在祭坛上，另外，还要放上大家贡献的食品。从房门到祭坛的路上，祭司要撒上玉米。他们一道为死者进最后一次食，并把他送去。①

在中国，这种以生饰死的想象更是随处可见。由于相信灵魂不死，相信死后与生前的一致性和某种程度的连续性，中国人一直奉行“事死如事生，事亡如事存”的原则。在丧礼期间，尽管人们涕泪沾襟，悲痛欲绝，但幸生之心不已，持生之事不辍。周去非《岭外代答》卷六记载：“钦人始死，孝子披发顶竹笠，携瓶瓮，持纸钱，往水滨号恸，掷钱于水而汲归浴尸，谓之买水，否则邻里以为不孝。”今天有不少地方仍盛行这样的风俗：停尸期间，灵堂上要设置死者的牌位，牌位前放有酒食。此外，要为死者准备纸钱、纸制的器具、牛马、亭屋等。出殡那天，人们把这些东西统统烧掉，以表示为死者在冥间所有。在有些地方，人死后并不马上埋葬，而是把棺材在地面上停放几年（如果死者没有后代或属凶死，通常是立即下葬）。

在丧礼上，死者始终是生者感情的中心。居丧的亲朋们在此之际表现出极端矛盾的心理：一方面，他们对死者表现出依依的留念和敬慕；另一方面，他们对尸体感到莫名的绝望和厌恶，因此而引起的周围环境的变化则使他们惶惑和恐惧。焚尸与制作木乃伊是这种矛盾心理的极端反映，前者是要断绝与生者的联系，后者是要保持这种联系。澳大利亚有将死人的脂肪涂在活人身上的习俗，在中国孝子常穿死者的衣服，这都象征着

① 本尼迪克特：《文化模式》，王炜译，华夏出版社，1987 年，第 85 页。

死者与生者的联系。由于丧礼牵动着人的灵魂，人的人味或情味也就充分体现在其中。在生活中我们每每发现，在哭得死去活来之时，亲属们甚至有与死者同去的轻生向死之心。在这里感情的流露是自然的，行为本身就是目的，并且这些感情和行为都被丧礼认可，“被丧礼所排演出来，于是借着自然的事实而创造出社会的意义”①。

就个人而言，丧礼把生与死分离开来，因而是生命由一种形态过渡到另一种形态的转折点。它标志着在世的完成，标志着生命的各种可能性的中断，标志着人的偶然性变成的自然的铁的必然性。如果说人的在世由于死亡时刻的不确定性而展现出无穷的可能性，那么，丧礼就使人充分意识到这些可能性的丧失，从而把人封闭在过去的自我里。换句话说，丧礼是确定人的存在，承认人的社会地位的一种方式。有鉴于此，古代中国人和希腊人都把丧礼看得十分重要。如果有人听说别人将不为他举行葬礼，他将感到这是对他莫大的侮辱。实际上，丧礼也确实在一定程度上反映了社会对死者的尊重程度，因为在丧礼之际，死者因其年龄、性别、声望或地位而得到不同的待遇。今天，尽管丧葬之礼大大简化了，但人们一有机会仍要以生的不平等性去体现死的不平等性。一般人的死很可能只是家属的事情，而某个重要人物之死则成了全社会注目的事件。为个人举行国葬则是把死亡现象社会化的最高形式。事实表明，在迄今为止的人

① 马林诺夫斯基：《巫术、科学、宗教与神话》，李安宅译，中国民间文艺出版社，1986 年，第 34 页。

类社会中，生的不平等性最终总要通过处理死亡的方式表现出来，丧葬之礼的不平等性或多或少地强化了人们的不平等观念。

就社会而言，丧礼通过克服恐惧、失望、灰心，这些影响群体生活的离心力，使受到威胁的社会组织得到重新统协的机会，因为丧礼不仅满足了个人表达基本感情的需要，而且增强了家庭、朋友以及死者亲属与其他社会成员之间的关系，增加了人与人之间的“亲和力”和凝聚力，使个人的感情化为社会成员的普遍感情，使个人与团体的同一性得到确认，使社会的稳定性得以加强。在原始社会中往往会破坏正常的社会生活，甚至威胁群体的生存。在这种情况下，丧礼把人们重新统一起来，并能激发人的自我保护本能，从而为统协社会生活，保持文化传统创造条件。

的确，丧礼使人意识到死的现实性，从而使人意识到生的现实性，同时也使人意识到群体的力量，意识到死亡对于人生的决定性意义，意识到在世的肃穆和庄严。表面上看，婚礼和丧礼仿佛是人生的两极，前者象征人的欢欣和合，后者象征人的悲戚离散；前者把个人纳入新的集体，后者使个人与集体分离。实质上，由于生与死在人们心目中并没有绝对分明的界限，人们的生死意识常常交织在一起。在古希腊人那里，结婚的服饰仪式被移用于死者，新娘的服色以及沐浴涂膏等均与死人时相同。在他们眼里，人死升天，与诸神结合，以男女婚配为象征，而此世的死亡即是彼世的结婚，有一首希腊挽歌表达了这样的心境：

不，我不停留了，我的亲爱的父亲
和深爱的母亲。

昨天是我的好日，昨晚是我的结婚，

幽冥给我当作丈夫，坟墓作为我的新母亲。①

此处的悲伤启示着生的希望，结婚的欢悦中潜伏着死的忧伤。生中刻下了死的预言，死里孕育着生的萌芽。这便是生与死的相同性。

与此相似，成年礼中也常常渗透着死的意识。在澳大利亚的许多部落里，成年礼一般要再现一个人从生到死以及由死复生的过程。土人们毁伤青年的肢体，要他们装作当场死亡，旋又复活的样子。长者们常常告诉青年人，说有一个超人的主宰要吞没他们，然后又让他们复活。人们还相信，经过成年礼的人正在走向死亡。死的颜色是白色，行成年礼的人的身体也涂成白色。在原始人看来，人们在生生死死，又在死死生生。甚至在第二次死以后还可以继续存在，一直等到另一次转生。死像生一样是分阶段完成的。成年礼所模仿的死的第一阶段不过意味着灵魂的迁移，意味着灵魂暂时离开身体，但仍然停留在身体的跟前。②

在这里，死似乎是人从一个世界进入另一个世界的门径。尽管这里的死仅仅具有象征意义，但是，它标志着人的确定存在的开端，因为它把人的生理过程转变成了社会过程，它使人充分意识到自己的存在，意识到只有通过死人才能进入人的世界。如果说丧礼是以生者饰死者，那么，成年礼则以死（当然是假死）

---

① 周作人：《自己的园地》，岳麓书社，1987 年，第 679 页。

② 列维-布留尔：《原始思维》，丁由译，商务印书馆，1985 年，第 345 页。

反衬出生的珍贵。同时，它“在体格成熟之上加上已为成人的意识，使青年尽义务、享权利、负责任，并且认识传统，从而与圣物接近”①。然而，不论是丧礼还是成年礼，都不过是把生与死作为同一过程的两个方面。它们不仅表明了生与死的阶段性，而且起着一种无形的范式作用，使人意识到人的尊严，并通过一连串的活动把它化为现实活动的目标。正因为如此，荀子把“生则天下歌，死则四海哭”作为一种人生的理想。

此外，随着人类自身的对象化，人把自己投射到自己创造的对象——神之上。神有人的形象，人的感情，人的命运。人不免一死，神作为人的创造物也会陷入同样的境地：“埃及的那些大神自己也不能逃脱这一共同命运。他们也要衰老死亡。后来发明了涂油防腐的技术，可以防止尸体的腐烂，给死者以魂魄和新的生命机会，神也分享了这一发明的好处，有了可以永生的合理希望，于是各地区都有了自己亡神的坟墓和木乃伊。”②

由此可见，神性是人性的改铸，神死是人死的投影。人从神的死亡中获得一种自宽自慰和惺惺相惜的感觉。人们对基督教的上帝的长生不死不仅产生敬畏，而且感到惊讶，其原因也就在这里。而在现代人尼采的笔下，上帝与众神都同样逃脱不了毁灭的命运，这不仅是对基督教的反叛，而且是生死观的一种变革，因为它指出了人和人所创造的对象的有限性，使人类不再洋

---

① 马林诺夫斯基：《巫术、科学、宗教与神话》，李安宅译，中国民间文艺出版社，1986 年，第 23 页。

② 弗雷泽：《金枝》，徐育新、汪培基、张泽石译，中国民间文艺出版社，1987 年，第 392 页。

洋自得于自己所创造和皈依的对象，而是让它与人共在，与人一起参与宇宙的生死轮回。这样，人类所创造的最后一个避难所彻底崩溃了。但是，旧的上帝死了，新的上帝又被一再创造出来。在福轻似羽，祸重如山之际，人们彷徨歧路，举步维艰，于是需要以神灵来转嫁死的痛苦，寄寓生死的希望。

总之，丧礼以及它们的各种转型是从不同的侧面体现了人类以生饰死的企图，反映了人类对自身终极命运的关怀，凝聚了人与人之间的崇高感情，并以此维护着文化传统的神圣性与延续性。当我们沉沦在生的繁忙和烦忙中，我们是否应该时常问问自己，如果人类剥夺了死的基本意义，是不是实际上也在一定程度上剥夺了生的意义呢？

第二章　死亡现象与濒死体验

死亡本身是不可体验的，因为对于必有一死的个人来说，死永远都是一种可能性。从来就没有一个人从彼岸世界返回并向我们诉说死亡时的经历，如果能做到这一点，那就说明他根本就没有死。死既是对生命的否定，那么，我们就无法了解死去的人对死的体验，只要人生活在人的世界并且不能超生越死，他就无法知道此岸世界与彼岸世界的区别，况且，这种区别也不过是地地道道的假说而已。如果人不会死亡，关于彼岸世界的假说就没有任何意义。许多人试图以这种假说为基础去说明生者与死者的沟通从而了解他们所说的死亡体验，殊不知，一切以假设为根据的知识永远都只能是假设。死是生命的界限，人只有站在这个界限之外才能划清和充分认识这个界限。可是，至今为止，我们还没有丝毫的理由相信，人可以站在这个界限之外，面对这一无法摆脱的困境，我们为了探讨死者对死亡的生理心理反应就不得不着眼于他在濒临死亡时的内心体验和感受。

所谓濒死体验，是指遭受严重创伤和疾病但意外获得复生的人，预感自己即将死亡又侥幸脱险的人以及头脑清楚地死去的人所叙述的他们在面临死亡时的内心体验。这种体验通常表现为正性情感体验，比如相信自己已经死亡，自己处于身体之

外，穿过黑暗隧道，在另一个世界里遇到死去的亲人故友，或回顾往事以及有一些明显的特异功能等。这种体验是临终心理变化的集中表现，尽管它持续的时间比较短，但它发生在人面临死亡的紧要关头，对人的情绪转化有着深刻的积极的影响，它所包含的异乎寻常的内容常常令人兴奋，令人惊奇，对它的深入探讨不仅有助于我们揭示垂危者的心理奥秘，而且有助于我们利用病人的濒死体验来采取应急措施使病人转危为安，或在病人不得不死的时候让他尽可能愉快地死去。因此，研究濒死体验既有重要的理论意义又有深远的实践意义。

自 1892 年瑞士地质学家海姆对濒死体验进行现象学描述以来，西方许多学者已从生物学、心理学和精神医学的角度对它做过广泛的调查和研究。遗憾的是，这些研究至今仍为神秘的气氛笼罩着。如果我们能探明它的机制并能有效地运用它来帮助人起死回生，那么，科学的阳光才算真正进占了死亡领域。

一、隧道体验与全景回忆

1959—1960 年，美国心理学家奥西(K. Osis)曾就临危病人的濒死体验走访了几千名医生和护士，调查了三万五千名临危病人在死前的反应。1961—1964 年，他又在美国一些医院进行了类似的调查。为了弄清文化因素对濒死体验的影响，他于 1972—1973 年与 Haraldsson 合作，在印度作了又一次大规模调查。这些调查为我们进一步探讨濒死体验的机理提供了宝贵资料，其结果正如一篇报道所指出的那样：

> 许多人描述的这一经历都令人惊异地相似，他们都说那时的感情安宁平静，伴随着升华超脱感，飘逸进入一如隧道般空寂黑暗的所在，在那里，他们历历在目地回顾了人生，在一团辉煌的华光晕照中见到了死去的亲人，然后在亡人的指点下回到了他们的身躯中。①

上述报道中所说的病人在濒死时感觉自身通过黑暗隧道的印象，我们可以称之为隧道体验。在这种体验里，濒死者往往能听到一些奇异的嘈杂声，或者感到自己被挤压和牵扯，他慢慢通过隧道，眼前一片漆黑，偶尔听得见潺潺的流水声，有时伴有暖融融的气浪。经过慢慢的摸索之后，濒死者仿佛看到远处的亮光，继而是五颜六色的景象。与黑暗的隧道相比，这是一个令人目眩同时又令人向往的境界。迷人的色彩和拂面而来的凉意给人显示了另外一个清新的世界。面对此情此景，濒死者觉得神意照体，周身融融，仿佛来到了温和舒适的故乡。

从心理动物学的角度看，这是濒死者对自己从母体中出来时的记忆，它象征着人从死亡走向新生的过程。当死亡的信号来临，人对外界的刺激很难接受，因而更谈不上作出有效的反应。在这种情况下，被外界刺激信号所占领的思维空间得以空出地盘，原来被压抑下去的意识被解放出来。因此，儿时的记忆有可能在死时一一浮现在脑里。濒死者的隧道体验非常有力地表现了他的求生愿望，或者说，隧道体验本身就是生与死的连接

---

① 见《解放日报》，1989 年 12 月 12 日。

方式。在这里，如果人完全被推向生与死的循环，那么，人通过隧道体验而实现的再生的可能性就体现了人生的圆满境界。人两次从母体中出来，刚好走完一个圆圈。尽管第二次的“出生”仅仅是一种心理体验，并且只有象征意义，但当事人却感到十分真切，就像人在梦中常常不觉得自己处在梦中一样。隧道体验的积极作用首先就在于它使人有一种新生的愉悦感和幸福感，从而可以缓解以致消除人在死前的紧张、忧虑和痛苦，而这一点恰恰是每个濒死者所期望的。其次，人在此时所看到的“光明”使人在绝望中看到了希望，希望之星的出现则把意识由生到死的过程加以推迟，从而有利于保存和集聚心理能量，或用已经储存起来的能量重新建立一种对抗死亡的新防御机制。再次，隧道体验给人带来一种满足感和充实感，因为它能让人了解自己出生时的情景，获得以前不曾得到的生命体验。一般来说，人只能回忆两三岁以后的事情，他对生活的体验和感受则是从更晚的时候才开始的。所以，每个人都无法确切了解自己从母体降生时的情形，更无法感受来到人世的过程，他所感受到的只是人世的悲欢，人情的冷暖。隧道体验是我们了解自己降生人世的唯一机会，它标志着自我体验的完成同时又隐喻着自我体验的开始。从这种意义上讲，我们可以从隧道体验中领悟生活的全部丰富性。

然而，隧道体验不仅仅表现为濒死者有从母体中降生的感觉，而且有时有一种回归母体的感觉。在某些情况下，濒死者感到自己穿过黑暗隧道来到一个异常柔软的地方，仿佛自己赤身裸体从寒冷的所在一下子跳进温暖的浴池，这时，一股暖流传遍全身，真有说不出的舒泰。有时，濒死者觉得自己被柔软的东西

包裹着，并在其中沉沉地睡去。这种体验的象征意义非常明显，濒死者期待回到母体而新生，希望获得温暖和安宁。我对隧道体验的上述解释在这里同样适用。如果说脱离母体和回归母体的共同之处在于它们意味着新生命的开始，那么，它们的不同之处则在于，脱离母体表征着个体要求生命的独立，而回归母体则表征着个体试图寻求生命的依托。前者是生命的分化和增值过程，后者是生命摆脱孤独和无助的过程。

有趣的是，一些神话对死亡的描述与不少人叙述的隧道体验有着惊人相似之处。以致我们可以说这些神话是隧道体验的升华。

据说，波利西尼亚的半神半人的魔术师毛依喜欢开玩笑，他干的最后一件事是从夜神希娜那里为男人和女人偷取不朽。一天，毛依潜入海底，找到熟睡着的伟大的希娜，她的阴道像一扇门，毛依由此进入她的身体。他把她的心抱在怀中。然后，他把双足伸出洞外，这时，一只鸟看见毛依在阴道口扭动的两腿，便笑了起来，希娜醒了，合拢阴道，于是，毛依死去了。

这个神话暗示了死与生的共通性。就此而言，它与隧道体验殊途同归，如果说后者是个人在濒死时为自己找到的对抗死亡恐惧的手段，那么，前者是人类渴望无限和试图超越有限性的明证。人从黑暗中走来，最后又复归于黑暗，在两级的黑暗之间即是生命的光明，尽管个体生命在生时无法体验自己的生，在死时无法体验自己的死，因为它们不具有主观的性质，而是客观的事件，但是隧道体验却使我们在死时体验到生，在生时领悟到死。当我们通过隧道体验认识到死蕴含着生、生扬弃了死时，我

们也就否弃了光明与黑暗、存在与虚无的绝对界限。伟大的夜神希娜正是在黑暗里把人带向不朽；毛依把她的心“抱在怀里”象征着人类对母体的依恋和敬爱，他进入希娜的身体并在体内死去则体现了人类对死得其所，对死后复生的希望。毛依死了，希娜依然活着，毛依在她那里寄寓了永恒。

与隧道体验相比，人在死亡前的“全景回忆”同样能把人置于高峰体验。当人处于这种状态，往事如烟并在他的眼前一幕幕浮现出来，就向影视图像很快从他眼前掠过。全景回忆的内容多半是令人愉快的事情，而极少包含对他人的指责和恶意。“人之将死，其言也善；鸟之将亡，其鸣也哀。”濒死者每每想起自己的童年，想起那些给过他关怀和温暖的人们，想起那些给他带来快乐的事件。在他的眼前似乎只有阳光、鲜花和笑脸。有时，濒死者会觉得自己处在以前到过的最美的地方，在那里与人谈笑风生或进行最快乐的游戏。诚如许多濒死被抢救过来的人所表明的那样，一般的回忆总是沉重的，而濒死时的全景回忆却是轻松而美好的，他的心灵就像一部摄像机，整个人生旅程的每一事件都拍摄在里面。在全景回忆里，人的光明面一一展现出来，而阴暗面却被压抑下去。

显而易见，濒死者的全景回忆体现了人对美好生活的留恋和向往，它是人在死亡面前的退避反应，这种反应使人对生活产生一种有始无终的感觉。既然一切美好回忆都表达了人向过去复归的愿望，既然全景回忆给人以身临其境的感觉，既然他缅怀的过去即是他意向中的将来，那么，濒死者就可以借这种体验改变对死亡的认同和顺从态度并使自己在心理上远离死亡的定

局。事实证明，人的意志力在摆脱死亡威胁方面起着极其重要的作用，对两个身患绝症的病人来说，谁的意志顽强，谁就能推迟死亡期的到来。全景回忆恰恰具有增强人的意志力的效果，因为它无论是在客观上还是主观上都使人体会到今生的可贵和人生的价值，从而促使人确信和充分发挥自己应付困难的能力。

1974 年 7 月的一个下午，我因学游泳而掉进湖旁的一个深水沟里，顿时眼前一片漆黑，胸口闷得厉害。我心想，这下完了，这下完了！于是，一种死亡的恐惧感袭上心头，与此同时，各种念头在我脑海里电闪而过，家人、学校那些可爱的小伙伴、自己打乒乓球时的情景（那是我当时最喜欢的运动）涌现脑海，这时，我的头脑变得异常清晰，一种求生的意志和本能使我电闪般地获得了力量，在乱抓乱摸中我触到了沟边的树桩，伸手一探，奋力挣出水面……

当然，不同的人对死亡会作出不同的反应，濒死者的心情是非常复杂的，非常矛盾的，这使我们很难以统一的模式和方法探讨濒死者的心理。对一个佛教高僧来说，死可能是一种超脱，因而非但不可怕相反令人欣喜。对苏格拉底式哲人来说，死可能是一场没有梦的睡眠或是灵魂向另一个世界的移居；对一个不能忍受疾病折磨的垂危病人来说，死意味着痛苦的结束，因而对人是一种宽慰；对一个正值豆蔻年华的姑娘来说，死可能是一件极为可怕极为悲哀的事情。

但是，全景回忆无疑是许多人的共同体验，这种体验使人从难以言表的恐惧状态中挣脱出来，他的心里会变得异乎寻常地冷静，我不敢断言以愉快的幻想和回忆可以应付生命危机的现

实，但我认为，当人身陷死亡困境时，心情的平静始终有助于克服人的消极被动状态，尽管一个人最终不得不表示对死亡的被动认可，但是，只要通过全景回忆减轻对死亡的焦虑和恐惧，它在客观上就可以延长人的生命，至少可以减轻垂死者的悲痛。既然任何焦虑、恐惧和悲痛都会加速死亡的来临。那么，全景回忆自然可以起到积极的作用。有时，它会导致"回光返照"的现象，这种现象作为死亡的预兆可以帮助医护人员或家属认识病人的处境，从而帮助病人建立死亡的适应机制。在这种现象出现时，垂死者的意识往往很清醒，病人的病情和情绪会突然好转，仿佛一夜之间成了一个健康人。这种状况持续的时间越久，病人对死亡的心理准备就越充分。

二、临终奇遇

历史给我们留下了许多关于濒死体验的记载，这些记载之所以对我们有着无法抗拒的诱惑力，不仅是因为我们能从这里感受到人们给他所赋予的各种神秘气氛，而且是因为我们可以从中找到不少人生之谜的历史解答。如果说爱因想象出来的神秘而更加可爱和亲切，那么，死则因想象出来的神秘而变得更加狰狞和可怕。从这种意义上讲，随着对濒死体验的调查和研究的日益增多，随着人在死亡时的神秘感的逐步减少，人的死亡恐惧会相对减轻。对临终奇遇的广泛揭示已使我们在认识濒死者的生理心理反应方面前进了一大步。应当说，这是人类正视死亡现象的开端，因而也是人类科学地探讨死亡问题的前提。

威廉·巴勒特(W. Barrett)首次对临终奇遇进行过系统研究,体现其研究成果的著作《死床印象》(*Death-bed Visions*)收集了不少关于临死奇遇的事例。这些事例表明,许多濒死者在意识清醒的情况下,宣称他们在另一个世界见到了死后的生命,并且能报道他们在濒临死亡时所经历的种种事情。他们看见死去的亲朋故友的幽灵并与他们交谈。他们见到地球上所没有的灿烂美景和绚丽色彩,他们具有超常的感知能力和预见能力,有些人则感到自己在已死去的亲人的感召下来到死人的世界,甚至吃惊地发现他并不知道已死去的亲人也在死人的世界里。只有在极个别的情况下,濒死者才会怀疑他们所见到的东西的真实性。由于临终奇遇中的所见所闻常与濒死者的期望很不一致,他们的情绪会因此受到各种体验的极大影响。这些体验会改变他对现实生活的态度,消除他在死亡时的恐惧、忧郁和痛苦,给人带来心灵的安宁、平静以致狂喜,使人在欣慰中离开人世。

巴勒特报道过一个非常有趣的事例。他的妻子是位医生,一天,她被叫去给一个名叫 Doris 的妇女接生,尽管孩子平安出世,但 Doris 本人已奄奄一息,巴勒特夫人讲述了 Doris 在临死时的体验。

她突然急切地望着房间的一隅,脸上洋溢着笑容,她说:“哦,多美啊,多美啊!”我问道:“什么东西美呀?”她以低沉的声音说道:“我看见的东西很美。”“你看见了什么呢?”“美丽的光辉——神奇的东西。”她似乎故意把注意力转向另一个地方,并欢快地喊道:“哎,那是父亲,他很高兴我来了,如果 W(她的丈夫)也来的话,那该多好啊!”我把她的小孩抱来给她看,她有趣

地打量着，然后说："你认为我该为小孩活下去吗？"然后她又陷入了想象。她说："我不能，我不能留下来。如果你看见我所看见的东西，你就知道为什么我不能留下来。"

有趣的是，Doris 在临终奇遇中辨认出她的姐姐 Vida，也在许多死者的幽灵中间。按照通常的解释，这象征着她的姐姐已不在人世。事实确实如此。Vida 已在三周前死去，不过 Doris 并未得知她姐姐的死讯。因此，当 Vida 与她死去的父亲一块出现时，Doris 非常惊讶，她向臆想中的父亲说"我来了"，随后又转向巴勒特夫人说，Vida 跟他在一起。不久，Doris 就面带微笑离开了人间。

毫无疑问，Doris 已为临死奇遇的各种景象所吸引，以致愿意放弃自己的孩子和尘世的生活。从这一点上看，临终奇遇对 Doris 有一种诱导作用，其结果是加速而不是推迟 Doris 的死亡。一般来说，临终奇遇过程总是伴随着死去的亲人对濒死者的召唤，这种召唤可以大大减轻濒死者在死亡时的孤独感和无助感，从而促进人到达心理平衡并尽快调整自己的情绪去适应死与生的反差。如果濒死者觉得自己的死亡不过是故去的亲人的召唤，去与他们团聚，那么，死就自然不是什么憾事，而是求之不得的乐事了。这样，濒死者会很快适应和接受死亡的现实，而不是在消极等待中抑郁地离开人世。

通过现代调查方法和计算机分析，我们可以了解到，许多濒死者的临终奇遇有着惊人的相似之处。他们在这些体验中所遇到的亲人、故友似乎都是来自另一个世界的使者，这些使者的出现对濒死者有一种迷幻作用和示范作用。即使那些使者不开口

说话，垂危者也能领悟他们出现的目的——把他接走。只要看到那种极富诱导力的美丽景致，垂危者就会情不自禁地按照那些幽灵的指引进入死者的行列，因为在那里他能看到在人间不曾看到的东西，那是没有肉体，没有世界，没有烦恼，只有鲜花、光明和温馨、恬静的气息，而这种气息足以激起垂死者的死亡欲望，如果欲望十分强烈，垂危者就会责怪那些使他们死里逃生的人。据 Usis 和 Haldsson 的调查，几乎一切美国病人和三分之一的印度病人在临死奇遇之际都想死去。事实表明，垂死者所遇到的幽灵多半是死去的父母亲、配偶或兄妹，这些幽灵的出现与死亡时间有着非常密切的关系。当幽灵力图把垂死者引领到另一个世界时，死亡就会很快到来。在许多情况下，垂死者是应死人的呼唤而离去的。假如他不愿死去，他就会大声求救并且躲藏起来。在印度，人们发现了 54 个这样的事例。

问题的关键在于，为什么垂死者在濒死体验中所遇到的幽灵是他们的亲朋故友而不是陌生人，这是否意味着灵魂不朽和死后生命的存在？这是否意味着活人与死人始终保持着现实的密切的联系？对临终奇遇人们可以引出两种截然不同的解释。一种观点认为，这种体验表明，死亡不过是生存方式的转化。另一种观点认为，死亡是生命的毁灭，临终奇遇不过是濒死者头脑失灵的产物或仅仅是主体的一种幻觉似的内心体验。由于科学水平的限制，我们今天尚不可能对濒死体验做出完全令人满意的解释，但我仍有理由相信第二种观点，正如口渴得冒烟的旅行者常常幻想眼前就是水一样，正如在沙漠中我们能看到海市蜃楼一样，濒死者的临终奇遇是主体的主观愿望造成的。如果一

个人希望死去，那么，沉浸在彼岸世界的幻想中也许会令他非常舒服并能减轻死亡前的恐惧。虽然垂危者的焦虑和紧张心理并不能影响濒死体验出现的频率，并且他的期望与其濒死体验的内容恰恰相反（比如，病人一般都希望自己尽快康复，但他在临终体验中所遇到的那些幽灵却要把他带走），但是，这仅仅是一种表面现象而已。只要稍稍了解一点垂死者的心理，我们就会发现人在死亡前通常都感到孤独和抑郁，即使对死亡抱达观态度的人也免不了受这类情绪的影响。因此，垂死者本质上都渴望亲人来到自己的身旁，与自己相伴。他之所以幻想有死去的亲人的幽灵把自己接走，无非是在下意识里想摆脱眼前的孤独、痛苦和忧伤，而临终奇遇中的各种美好景象则体现了垂死者对美好生活的渴望与追求，他从中获得的心理满足在某种程度上正是对他的现实生活不完满性的补偿。从这种意义上讲，在经历临死奇遇后垂死者的求死愿望恰恰表现了他的贪生心理和对不死的渴念。

退一步说，即使临终奇遇不是由主观愿望造成的心理意象，我们也不能因此断定死后生命的存在，因而也不能断定幽灵的真实性。事情很简单，如果人死后进入另一个世界，那么，垂死者在临终奇遇中就应当能看到别的陌生者的幽灵，而不仅仅是自己的亲朋故友。从逻辑上讲，在有临终奇遇时，如果灵魂可以脱离肉体而单独存在，那么，当他看到另一个世界的奇光异景时就不会再回到肉体来受折磨了，而且肉体的各种功能因灵魂的离开而丧失。可是在死亡前人的各种功能还在不同程度地维持着，这一点表明，根本不存在灵魂离开肉体这种问题。我相信，临终奇遇是一种心理现象，归根到底也是一种物质现象。

之所以说它是一种心理现象，而不把它看作是神灵作用的结果，不仅是因为它与人的期望作用密切相关，而且是因为它像人的梦境一样是对过去的各种经验的重组和复现。当心灵面临深刻的心理危机时，摆脱这种危机的心理欲求便处于压抑一切的地位，它作为强烈的应激因素既能唤起人对生命的全部热情，又能促使某些病理的观念的剧增，根据危机干预理论，死亡时的颤栗要么导致心理防线的全面崩溃，要么导致心理能量的快速集聚，前者体现了人对死亡的消极态度，后者体现了人对死亡的积极反应。所谓“置之死地而后生”就是对人的这种反应的全面应用。在现实生活里，我们可以看到一个人在面临威胁时常常十分敏感，头脑反应异常迅速。有的则能发挥惊人的能量。不过，在筋疲力尽时，人常常是无可奈何地从对过去的回味和对未来的幻想中去寻找补偿死亡的途径。因此，临终奇遇并不是某种不死灵魂的产物，而是心灵想象的结果。至于濒死者所见到的幽灵，那不过是他过去所熟悉的形象在头脑中的改变和再现。与梦境相比，临终奇遇也许更能袒露人的潜意识状态，它把人的回忆和想象集于一体。在梦境里，我们常常遇到自己的熟人或看到各种奇妙的景象，有时甚至想到自己飞离了大地，但我们并不因此断言做梦意味着灵魂与肉体分离。同理，临终奇遇中虽然有许多十分离奇的情节，但它的各个细节或片段却是现实生活中的活生生的经验，就此而言，它仍然是现实在潜意识中的投射，或者说是潜意识为了安慰意识而编制出来的神话。

对个人来说，死亡无疑是最阴郁、最恐怖的事情，对家属和

亲友来说，死亡无疑是最悲哀、最凄楚的事情，临终奇遇则可以给人的情绪带来戏剧性的变化。据 Osis 和 Haldsson 的调查，经过临终奇遇后，49%的人可以从焦虑不安变得心静神宁，27%的人则从心情抑郁变得欣喜若狂。许多人突然间一反常态变得容易合作和沟通。比如，有个癌症病人以前每天要服用大量的镇静药而且心情十分抑郁，甚至想到自杀，经过临终奇遇后他说他不要任何镇静药，因为他的痛苦突然消失了，他的心情开朗，有说有笑，一天之后进入昏迷状态，不久就离开了人世。

当然，在癌症患者中，有临终奇遇的人毕竟不多，但实践证明，这种特殊的心理体验能起到其他镇静药所起不到的缓解痛苦的作用，这就意味着临终奇遇不仅能调心，而且能调身。因此，他不但没有证实某些人所说的心灵与肉体的相互分离，反而进一步说明了心灵与肉体的密切关系。对晚期癌症患者来说，痛苦远比死亡更为可怕。“死了，死了，一死百了”的观念可能促使他们毫不犹豫地做出死亡的选择。在这种情况下，临终奇遇可以帮助患者突然改变轻生的想法，并通过那些体验获得生存的喜悦或通过增强对死亡的抵抗能力而重新鼓起生活的勇气。因此，我们自然会提出这样的问题：我们能否发明一些药物或采取别的途径来激发类似于临终奇遇式的内心体验？

迷幻药的问世也许是人类进行这种尝试的开端。病人服用这种药后会产生各种幻觉并因此而减轻自己的痛苦，尽管服用这种药物并不影响临终奇遇出现的频率，但它已向我们暗示，临终奇遇肯定有某种我们尚不清楚的生理基础。疾病、偶然事故可能导致这种体验。Ed. Morrell 在《第二十五个人》里曾描述

过他的这种体验。二十世纪初，他被关进监狱并受到严刑拷打，在痛苦不堪时他简直想到一死了之。有一次，他被折磨得死去活来，在奄奄一息之际他忽然感到自己脱离了肉体并且越狱在外。在游荡的过程中，他观察到了许许多多后来被证实了的事件，其中包括一次沉船事故。此后，严刑拷打对他似乎不再起作用，他完全意识不到肉体的痛苦并且打消了死亡的念头。

在这个事例中，最令我们感兴趣的问题是，为什么在经历身外体验之后 Morrell 就不再感到痛苦并且知道监狱之外发生的事情？无视或一味否认这种事实的存在显然是愚蠢的，最关键的是如何解释这种现象以及发掘身外体验对濒死者的积极意义。对濒死体验的心理学研究表明，当一个人面临死亡的威胁时，他的意识会以我们难以想象的快速反应能力来保护其生命个体，有些人在死前所表现出的惊人的敏感性和洞察力就是人用来对抗死亡的心理防御因素。从表面上看，身外体验意味着心身的分裂和灵魂的独立。实质上，那只是人格解体的暂时表现。在趋向死亡的过程中，个人常有强烈的补偿心理，即希望能以自己的部分牺牲来代替生命的完全毁灭。比如，有些人梦想自己少了一条腿并希望由此逃脱死亡的命运。在中国历史上，还有些人干脆叫人宣布自己已经死亡或让人找个自己的替身(通常是纸人或衣服)并把它埋葬，而他本人则暂时隐居山林。这个事实意味着，个人试图以象征性的死亡或心理学上的死亡来代替生命的实际死亡。人格解体与死亡状态极为相似，不管它的最终结果如何，我们仍相信，身外体验所表现的人格解体状态无非是自我使肉体暂时失去活力，从而保存生命能量，避免全

面死亡。具有身外体验的人之所以感觉不到痛苦，也许是因为个人为保全自己而有意无意地中断了低级神经系统活动而把这部分能量用于高级神经活动，从而使人的意识处于高度活跃状态。根据心身医学理论和我国气功用意识控制生理活动的原理，上述过程应当不难理解。

事实证明，在某些人那里，身外体验的确是可以随意控制的。在英语国家里，Oliver Fox、Robert Monroe 和 Sylvan Muldom 这三位作家曾对自己的身外体验进行过许多观察和描述。他们详细说明了自己如何有意识地进入那种状态，就像我国的气功师能随意进入气功状态一样。然而，奇怪的是，有些具有身外体验的人每每能在生命几近死亡的情况下了解身外发生的事情，有的甚至能在事后向你精确地描述事情的全过程，而且这类描述往往与事实有着惊人的一致性。

对濒死体验进行过大量研究的 Raymond Moody 报道说，一天，他因心脏病发作住进一家医院，他躺在床上，感到很痛苦，于是翻过身来，随后他就停止了呼吸。突然他听到护士的喊叫声，他感到自己离开了身体，滑落在地，随而慢慢上升。上升过程中，他看到十几个护士跑进房间，有人喊来医生，他感到自己像一张纸在天花板下面飘来飘去，他听见有个护士说："哦，我的天哪，他死了。"而另一个人俯下身来给他做人工呼吸，这个人后脑勺的头发很短。这时，护士们搬来了人工呼吸机，接通后，他的身体从床上弹了起来，他听得见自己骨头的响声，看见有人拍打自己的胸口，有人抓着手臂，有人抓着大腿，他想："你们何必费那么大的劲呢，我已经好了！"

后来，他吃惊地发现，他的身外体验的各个细节与在场者的所见所闻完全吻合。这使我们不能不提出以下的问题：当人进入身外体验时，他是否开动了第六感觉器官？尽管没有过类似体验的人很难相信这种事情，但事实终归是事实，绝大部分人觉得，在经历身外体验时，人的头脑异常清晰，思维能力大大增强，即使人的味觉、嗅觉和触觉不起什么作用，视觉和听觉却比往常灵敏得多，也许，人的感官系统的制衡机制会使某一方面的损失在另一方面得到补偿（如瞎子的触觉和听觉就比正常人灵敏），但有一点仍使我们困惑不解：在濒临死亡时，有些人几乎处于闭目塞听的状态，但他仍可以了解外界的事情。

有一个妇女在一次车祸后经历了身外体验，她觉得自己长着一双心灵的眼睛，她可以随心所欲地看到她想看的地方，平时的各种障碍仿佛消失了。对她来说，各种东西都是通明透亮的，远近的差别显得无关紧要。

其实，只要承认心灵感应的存在，上述现象同样可以理解，人脑本身是一个特殊的能接收和发出各种信息的系统。虽然我们至今还不清楚它与外界的沟通方式。但我们可以断定，在死之前，意识会本能地集中自己的能量与死亡相抗衡，这样，意识对外界的反应能力在某个时刻也会相应增强，这一点在动物行为的进化中一再表现出来，比如，知更鸟在被鹰追赶或遇到其他死亡威胁时可以发出特殊的警号，别的知更鸟可以根据这种信号了解自身是否有生命危险。与此相似，某些人在死亡前能使远方的亲人有所预感，在双胞胎和其他十分亲密的人与人之间，这类事例可谓屡见不鲜。

我有个远在合肥工作的表弟，他父亲因患肺气肿突然去世。在其父去世的前几天，他一直坐卧不安，心情特别烦躁，总觉得家里发生了什么不幸的事，于是买好回家的票，他上车不久，他的工作单位就收到了其父病危的电报。

毫无疑问，只要我们本着科学的精神去探究死亡现象，我们总有一天能揭示出上述现象的奥秘所在。即使是从哲学的观点看问题，我们也不能根据身外体验来为二元论做辩护，因为根据目前掌握的资料，身外体验还是一种奇特的心理现象，那么经历身外体验的人事实上并没有完全死去，而只是处于局部死亡状态，即使临床上可以宣布他们已经死亡，我们也不能说他们的灵魂真的脱离了肉体，因为那些暂时停止呼吸者的脑细胞仍在活动，否则，他们就不可能苏醒过来并向我们描述自己的身外体验。有人认为，严重缺氧的脑细胞在死亡前能产生超常的能量和奇异的经验，这是生命对死亡的本能反应；当头脑严重缺氧时它就把注意力转向争取生存时有用的东西。事实表明，长时间处于“死亡状态”的人比短时期处于死亡状态的人对生命过程本身有着更深刻、更完整的体验。身外体验不过是这种体验的特殊表现形式，它的基础和根源仍是人的大脑，而不是某种独立的精神实体。

实质上，身外体验和梦境有着十分相似的地方，唯一不同的是，前者是清晰的，后者是模糊的；前者一般使人感到畅快和自由，后者则兼有正反两方面的情绪，Oliver Fox 对身外体验与梦境之间的关系做过仔细的研究，他发现，有些梦境可以直接导致身外体验的出现，以致我们可以说梦境也是一种低级的身外体验。这一点说明，身外体验乃是以一定的生理过程为基础的心理

现象，无论它的各个细节多么神奇，它始终是人脑活动的产物。

就像人的气功状态激发人的一些特异功能一样，身外体验把人的感知能力发挥到了极致，因为在这种情况下，人似乎是用心看而不用眼看，是用心听而不是用耳听。心灵对外部对象的直接把握在这里并不显得十分神秘，而是能为我们理解的客观事实。诚如著名心理学家荣格(G. Jung)所言："那并非想象的产物，所见与经历是完全真实的。它们无丝毫的主观性可言，它们都具有绝对客观的性质。"①既然我们所了解的对象都是进入意识范围的对象，既然我们的意识能在时空上超越肉体感官起作用的领域，那么，人在濒死时能通过身外体验认识外在的对象和事件也就不足为奇了。正如在人的认识过程中，我们的意识有时能与对象直接沟通一样，身外体验是意识对外界的直接经验，这种体验与人的抽象和推理能力具有异曲同工之妙。只要存在意识场，场内的一切东西必定以这样或那样的方式与人脑相关联。如果康德对经验自我和超验自我的区分可以用于说明日常经验与身外体验的差别，那么，我们就有根据断言，超验自我能以不同于日常感知的方式确知意识场内的一切。这里用得着一句名言：凡是可以想象的都是可以实现的。

① C. G. Jung, *Memories*, *Dreams*, *Reflections*, New York: Random House, 1963.

第三章　死亡恐惧与死亡压抑

不管我们如何看待人生的幸福，我们首先得承认这样一个不言而喻的前提，死亡始终是人类最大的不幸，其他的不幸都是从这一不幸中衍生出来，痛苦和灾难的意识就蕴含于死亡的可能性中。如果排除各种各样的文化因素，我们就会看到，对死亡的恐惧乃是造成个人苦难的根本原因，其他恐惧归根到底是在死亡恐惧的终极背景下或通过死亡恐惧而发挥作用的。然而，就情绪对人生的意义而言，死亡恐惧从来就不是绝对消极的心理因素，他始终包含着两个相互排斥、相互对立的方面：一方面，它的确不断地困扰着我们，给我们带来了沉重的精神负担，造成了许许多多的心理障碍，从而极大地限制着人类的自由思考和创造；另一方面，它是人类自我保存的原始动力。正如爱拉斯谟所说："上帝使一切人都恐惧死亡，这样才能避免人们全去自杀。"

但是，在大多数情况下，死亡恐惧要通过间接的方式曲折地表现出来，无论是对个人还是对社会，死亡恐惧始终被不同程度地压抑着。否则，每个人都会整日陷入惶恐不安的状态而不能进行正常的活动。基于这种认识，本章将着重考察死亡恐惧对个人生活的双重意义以及个人和社会对死亡恐惧的压抑过程。

一、死亡恐惧

我们生活在一个二难的境地里：在自我保存本能中，我们是怕死的；而在意识生活中，我们往往完全忘记了对死的恐惧。只要稍稍揣摩一下人们的内心生活，你就会发现尽管人对死亡的态度表现得千差万别，但总是为一种深层的恐惧统摄着。

恐惧是一个普遍存在的心理现象，几乎每个人都在不同时候，不同情况下为这种情绪所纠缠。卢梭指出："谁要是自称面对死亡无所畏惧，他便是撒谎。人皆怕死，这是有感觉的生物的重要规律，没有这个规律，整个人类很快会毁灭。"世界的广袤无垠映衬出人的卑微渺小，使人有随时被吞噬的感觉。有限与无限的明显对立以及个人生命的不可挽回增添了人对丧失生命的恐惧。在人类的生命得不到保障的社会中，洪水、火山、地震、瘟疫和饥饿更是时时威胁着人类的生存。这时，人所面对死亡就不是什么预悬的遥远的目标，而是近邻身畔的命运主宰了。帕斯卡尔说："人只是芦苇，自然界中最脆弱的生命，但却是会思想的芦苇，要想毁灭他无需动用整个宇宙的力量，一缕烟气，一滴水便足以杀死他。"这种对生命脆弱感的认识反映了个人对自然必然性的认同以及对强大自然力量的无可奈何的心理。但从人的死亡中，我们看到，宇宙会毁灭人，人依然比他的毁灭者更崇高。因为人明白他必有一死，明白宇宙比他强大，明白他内心对死亡有一种深深的恐惧，并且对恐惧的意识又反过来加深了这种恐惧。

恐惧不同于忧虑，但又是忧虑的自然而然的发展。前者直接与人的生命意识相关联，并且会使人进入全身心的颤栗状态；后者则常常涉及一些与生命相外在的模糊的东西，并且以一种散漫的心理情绪表现出来。前者意指的对象是危及生命的说不清的现实，或者是意想的即将临头的大灾大难；后者则意指泛泛的，远离现实而又有损于生命的直接利益的可能性。恐惧是紧迫着思想又难以为思想所消除的，不论是恐惧使人意识到生命的界限，还是生命的界限使人恐惧，我们都在恐惧中强烈地感到思想的无能为力。

小时候，当我夜里独自行走在荒山野岭，我总是力图通过思想去排除莫名的恐惧，但结果总是事与愿违：我越想摆脱恐惧，恐惧感就越强烈。深深的自悔自责亦不能使人的胆量增加丝毫。相反，他只能徒增人的惶惶忧心，那时人被抛到孤立无助的危机四伏的世界，夜幕中的树木野草仿佛是害命的鬼怪和野兽。人在草木之中惊魂不定以致把鞋后跟扬起的沙子声当作背后有人追赶的脚步声。黑沉沉的夜色使周遭多了一种诡秘阴森的气氛。这时，人心多向内敛而不敢外求，甚至想完全断绝与外界的联系。尽管在恐惧里心灵总是想退缩躲避，但它始终被一种外在的难以名状的压力所紧逼，以至觉得自己无处藏身，无处立命，在此，生命的整体性似乎被撕裂肢解。

于是，我开始领悟黑夜的意义。黑夜启示着虚无，人畏惧黑夜既是畏惧虚无，因为黑夜隐去了存在的东西，淹没了生命的光明。从某种意义上说，黑夜表征着物的消失，因而隐含着个人虚化的可能性。对死亡的恐惧实质上正是对生命虚无化的恐惧。

如果死亡并不意味着生命的丧失，那么，人对它的恐惧就完全是多余的。在黑夜里，人的虚无化的感觉源于象征着死亡的黑暗——黑暗是死亡之国。儿童之所以特别害怕走进黑暗，正是因为黑暗夺去他共在的东西，归根结底是世界无化了他的世界。

世界的无化与人的无化具有相同的本体意义。如果说人在世界的无化会导致人对死亡的恐惧，那么，世界在人面前的无化也能导致这种恐惧。就个人而言，人死了，人的世界也便消失了，因为人死后的世界是一个失去意义的自在的世界，而不可能再是为我的世界。为我的世界总与我一同产生并且一同消失。尽管人死后那个自在的世界还存在着，但它不是作为为我的世界而是作为为他的世界而存在着。因此，人消失于死亡与世界消失于黑暗本质上是相通的。

人置身于黑暗标志着人失其所在。正因如此，我们总把黑暗与死亡联系在一起。在我国，人们总是臂戴黑纱对死者表示悼念，死者的照片也被镶上黑边，死者的名字被画上黑色的框框。在有的地方，孝子们总是身穿黑衣，头扎白巾为死去的亲人守孝。每到忌日，家里的陈设也多为黑白色的东西所点缀。黑暗象征着死寂，象征着哀伤，象征着无生命状态，象征着阴间冥府与生命世界的区别，它提示着死亡的到来。当我们戴着黑纱或看到别人戴着黑纱，我们虽不一定产生死亡的恐惧，但总是有一种不自在的感觉，仿佛自己离死亡也近了一步。

因此，黑暗的恐惧实质上是死亡恐惧的延伸。在生活中，我们把死亡喻为深渊，其意义就在这里。如果让一个小孩孤零零地在一间黑屋子里，他会吓得大哭，如果房间里有灯，他的恐惧

会相对减轻，如果有大人在身边，他的恐惧感则会消失。这一点说明，对黑暗的恐惧关联着人类对安全感的需要。孤独的个人只有通过群体关系才能真正获得对抗死亡的力量。在危急情况下，一个人面对死亡时的恐惧比几个人同时面对死亡时的恐惧要强得多。因为一个人在心理上承受的死亡压力远远大于几个人同时承受的重压，常人的同病相怜以及有些濒死者希望别人与自己一同死亡的心理多半与个人缺乏对抗死亡恐惧的力量有关。

死亡恐惧存在于死亡将到而又未到之际，恐惧的程度取决于个人与死亡的心理距离。当你看一部立体电影并且看的是灾难片或恐惧片时，你可能感到心怵，但是这种心怵会随着你走出电影院而很快消失，因为你清楚地意识到电影上那些恐怖的场景永远是远离你的虚幻的东西，一旦你面临致命的危险或者患上了预示死亡的严重疾病，情况就完全不同了，那时，你也许百感丛生，但最根本的情绪乃是死亡恐惧。

比如，有些人知道自己身患绝症，病情会很快恶化，那难以言喻的恐惧和伤感会大大加快他的死亡，因为他觉得死神就在自己的跟前，在不久的将来他将从这个世界上永远消失。对死刑犯的观察可以使你了解死亡恐惧在何种程度上影响犯人的情绪和行为，巧妙地利用这一点很可能使犯人获得悔过自新的机会。很多死刑犯在得知自己被判死刑后，脸色苍白，全身哆嗦，有的甚至瘫软得像一团绻绳。临死前的恐惧会使他吃不下饭，睡不好觉，强烈的孤独感和无意识感油然而生，就像萨特笔下的巴勃罗那样，死亡对他来说就像不可穿越的一堵墙，墙外的一切都不知道，这种无知剥夺了人在死亡时的尊严，因为对死后虚无的恐惧使他不可能堂堂正正地就死。

在人生历程中，死亡恐惧是伴随着人的年龄，生活环境以及人对这些环境的体验、感受与人对生命意义的认识而缓慢变化着。大量的心理学研究表明，人并非生来就害怕死亡，一个新生婴儿对威胁其生存的外在力量不含有任何退避反应，即使在5—10个月时，他也很可能对物体（如玩具）的消失无动于衷。儿童一开始就生活在一个充满生气和活力的世界上，他并不知道生命的消失意味着什么。直到3—5岁时，儿童才朦朦胧胧地意味到死亡的存在，并逐步勉强地承认死亡或迟或早会夺去一个人的生命。在此后的一段时间里，他可能目睹了动物的死亡或他人的死亡，但很难把它与自己的命运联系起来。对他来说，死亡是一个远离个人经验的抽象概念。他的意向对象只是涉及生理需要的最直接的当下的东西，他一般只关心今天的事情而不关心明天的事情，因而，他不会担心生命的未来，更不会推断生命将走向何处。一直到9—10岁时，儿童才开始形成死亡必然性的概念。如果他的亲人碰巧在这时死去，他首先意识到的是，这个亲人将永远从自己的身边消失，他将永远失去这个亲人的关心和照料。此时，对死亡的恐惧对失去照料的恐惧紧密联系着。

然而，一旦儿童对死亡有了理性的理解，他就会把这种理解作为他的世界观的一部分。对死亡所导致的生命的虚无化的认识使他的死亡恐惧大大加深了。通过他人的死亡，儿童直观地意识到生命的绝对否定，意味着人不再享有人世的快乐并且快

乐将永远与自己断绝关系。尽管他偶尔幻想过死者的复活，尽管他一转眼就忘记了周围所发生的死亡事件，但对自己的虚无化焦虑已经进入了他的灵魂深处。精神病学家莱茵哥尔(Rheingold)认为，虚无化焦虑或死亡恐惧并不是儿童天生经验的一部分，而是由丧失母亲的可怕焦虑产生的。这种主张显然是把儿童的死亡恐惧归因于儿童与母亲的关系。对他来说，没有母亲的世界是一个孤寂和缺乏爱的世界。因而，对失去母亲的焦虑很可能使他感到他的世界和机体即将崩溃。

从积极意义上讲，死亡恐惧是生命的防御机制，没有这种机制，人随时有可能稀里糊涂地死于非命。在某种意义上说，死亡恐惧是人类行动的永恒动力。如果没有这种动力，人类就用不着去为自身的生存操劳，也用不着去进行各种各样的发明创造，更用不着发展一切旨在“救死扶伤”的医学技术。人类的历史是与死亡作斗争的历史。不管人们的文化背景有多大的差别，不管人们的价值观和思维方式有多么的不同，对生命的安全感的需要却是人人都必须解决的现实问题。在你外出旅行时，无论是乘飞机、轮船还是火车或汽车，你会有意无意地想到你的安全，即使你不想到这个问题，那也仅仅是因为你在理智上说服了自己，确认你乘坐的交通工具安全可靠。假如你生活在一个自己的生命随时有可能被剥夺的环境中，被压抑下去的死亡恐惧会随着环生的险象而频频出现。这时，你的第一个需要将是在死亡恐惧的驱使下为自身营造一个能排除死亡恐惧的安全的场所。当今世界的动荡不安使我们失去了安身立命的基础，压抑死亡恐惧便成了一种全球性的需要。人的家园之感之所以重要，正是因为它给人的精神提供了一个可靠的支柱，同时也为死亡恐惧提供了发挥积极作用的机会。

死亡恐惧遏制了人的无限扩张的需要，打破了人对自身力量的盲目自信，从而避免了人走上自我毁灭的道路。许多自杀未遂者或有过自杀意念者能从死亡的边缘走回来，在一定程度上是死亡恐惧作用的结果。有效地利用这种恐惧不仅是挽救自杀者的应激手段，而且是预防犯罪和整治犯罪的特殊途径。既然死亡恐惧能把人从昏昏沉沉的麻木状态中惊醒，从而使人走出沉沦，那么“急中生智”和“置之死地而后生”也就成了人类应付危险局面的自然写照。恐惧与邪恶同在，恐惧与智慧并生，死的震颤是我们摆脱了自身的惰性并通过意识回到自身存在的个体性而达到生命的自觉。

承认实际存在的死亡恐惧并不是柔软的表现，而是消除精神不安的前提。尽管在安然无危时人的死亡恐惧通常被压抑在无意识的底层，但一旦人遇到直接的危险，这种恐惧感便从无意识或潜意识层面浮现于意识层面，并给人心带来无端的纷扰和莫大的痛苦。对死的过分恐惧造成了社会对死的忌讳态度，这种很不正常的情况导致了两种消极结果。

第一，从伦理上说，过分的恐惧感使人放弃了对死亡问题的科学探索，从而导致了死的神秘化。如果说在生存方面人们会千方百计表现自己的智慧，那么，在死亡方面人们并不羞于自己的无知。相反，大部分人以自己对死亡的愚钝为自豪，这一点不仅表现在人们不愿对死进行理性的思索，而且表现在相当多的人根本就不愿谈论死亡，仿佛死亡可以传染，仿佛意识到死亡和

谈论死亡就意味着死亡逼近。可是，死亡终究是不能逃避的。对那些缺乏心理准备的个人来说，死亡的降临常使他们战战兢兢，六神无主，有的甚至会陷入心理紊乱状态。从临床观察中可以了解，对死的过分恐惧只能加速死亡的到来，不少病人的心理障碍正是由过分的恐惧产生的。比如，有些人得知自己患了绝症后心情特别沮丧、悲哀和痛苦，对死的强烈恐惧非但不能阻止他们自杀，相反促使他们进行自杀，因为强烈的恐惧常常导致心情抑郁或狂躁，而抑郁和狂躁历来是自杀的重要心理根源。

从精神学的观点看，过分的恐惧大大妨碍人对自己的生命价值做出合乎理性的客观评价，在很多情况下，临危者把一些主观的意识当作恐惧的对象并试图通过现实的途径来逃避这些对象。当人为那些妄想的对象所左右而感到无法脱身时，他很可能采取自我毁灭的方式来结束那种持久的恐惧。精神病学家吉尔布格甚至把死亡恐惧的作用范围加以扩展，认为它酿成了不少心理病理状态的主要冲突。如焦虑型神经官能症，各种病态的恐惧（如恐水症、成年男子的性恐惧）状态，甚至相当多的沮丧性的自杀几乎都与死亡恐惧相关联，即使撇开这些精神病学的证据，我们仍可以看到死亡恐惧的不利影响。绝大部分临终病人在某个阶段对死亡恐惧都有过不同程度的恐惧心理。如果恐惧过于强烈，病人就可能听凭这种情绪的摆布而无法做出正常的判断。医生、护士和病人家属也很难与他们沟通，因为恐惧具有足以压倒其他情绪的力量，任何外在的干预只能造成病人对外界的敌意和愤怒，除了固守自我之外，病人几乎找不到别的方式与恐惧的对象相抗衡。这一点给医护人员和家属对家人进行

临终护理带来了难以克服的困难。

第二,从实践上说,死亡恐惧不仅有损于人与人之间的交流与理解,而且把人从忘我的外在行为中拉回来,使人失去对外界的兴趣和行动的勇气。我们很难相信一个惊恐万状的灵魂可以沉入事物的深处来实现对外界的静观和彻悟,也很难相信一个整日坐卧不安的人可以泰然自若地处理自己的事物,应付危难的形势;更难相信一个胆小怕死的人可以在必要时为了社会与群体的利益而献出自己的生命。在通常情况下,人与外界相互交融,在营营碌碌中忘却了自己,繁忙与劳作成了生命的唯一现存方式,于是,人把死亡抛到了九霄云外。但是,由致死的疾病和其他意外情况而引起的死亡恐惧会突然间把人类对外界的火热激情降到零点。死亡恐惧不但使人强烈意识到自身与外界的区别以至觉得有一道无法逾越的障碍横亘在自我与外界之间,而且使人放弃对幸福和快乐的追求,放弃对理想的追求。恐惧死亡者是没有未来的,因为它的未来与死联系在一起。除了求生的意念之外,没有什么东西能占据他的心灵。仓惶之际,间或有某种诱人的力量指引前路,他仍痛感死亡的紧迫与重压。也许,世界中可以找到一个现成的避难所,但恐惧已使他丧失了对自身力量的确信,丧失了行动的勇气和力量。在个人生活中,在社会的重大事件中,人的勇往直前只有通过消除死亡恐惧才能实现,否则,人只能畏畏缩缩地寻找生存的机会而无法平静地拥有自己和自己的世界,更无法过一种自由自在的生活。

人对死亡的恐惧在很大程度上是无意识的,并且,一般不会损害他对生活的自信态度。如果他是有意识的,人就无法从事

正常的思想与活动。“在通常情况下，我们四处进行现实的活动，而不相信我们自己的死亡，仿佛我们完全相信我们自己形体的不朽。我们试图掌握死亡……当然，一个人会说，他知道他总有一天要死，但他事实上并不为此操心。他生活得很愉快而从未想到死，从未有死亡的烦恼。”①我们应当看到，这仅仅是生活的表面现象，人的一切活动或多或少都是对死亡恐惧的无意识的反应。在一切不安感、沮丧感和压抑感的背后都隐藏着死的恐惧，这种恐惧经过复杂的修饰以许多间接的方式表现出来，一个人可以在理智上、口头上承认他不怕死，但在实际生活中他会不假思索地避开那些危害其生命的对象。比如，我们走到悬崖边会自然止步，走在公路上会小心地避开迎面而来的车辆。人的这种自我保存倾向与死亡恐惧是一同产生的，或者说后者是前者的表现形式，后者使人不断地求生存并努力克服威胁生命的危险。如果有一个人可以无条件地不怕死，他就无法在这个世界上生存下去。

可以断言，即使是那些把生命置之度外的大智大勇的英雄，也不会做任何无谓的牺牲。作为人，他们同样有自我保存的本能。只有当他们从自己为之奋斗的事业中看到了无上的价值和意义时，他们才会以自己坚强的意志和对人生意义的积极理解来克服自己对死亡的无意识恐惧。正因如此，英雄事迹才格外可歌可泣，英雄行为才格外可敬可佩，只要我们把英雄看作一个有血有肉的人，我们就可以想象他要鼓起勇气战胜死亡的恐惧

---

① G. Zilboorg，“Fear of Death”，*Psychoanalytic Quarterly*，1943，12：468.

是一件多么不容易的事情。正是死亡的恐惧显示出人的勇气的可贵，显示出一个人赴汤蹈火、视死如归的英雄品质的崇高。在一个精神贫乏得要靠贬低英雄来抬高自身地位的时代，死亡恐惧渐渐成了一种封闭人心、束缚手脚和逃避责任的可怕力量。

在今日社会里，人们的死亡恐惧首先表现为英雄品质的普遍沦丧。悠久而灿烂的文化把我们的时代改造为英雄主义的舞台，对英雄品质的广泛尊崇成了社会的价值规范并深深影响着个人对待死亡的基本态度。至少在战争年代，年轻人发现英雄就在自己身边，他们因没有成为英雄而感到惭愧。胆小怕死者被作为可怜虫而遭到社会意识的蔑视。不管每个社会的英雄系统多么不同，敢于为自己的信念舍身就死，始终是英雄品质的基本要素。然而，在现代社会中，对英雄品质的渴望渐渐被物质和金钱的追求所取代。帕克惊呼，我们正经历着英雄品质的危机，这种危机已遍及社会生活各个方面。事实正像他指出的那样，大学里的英雄品质的丧失、个人职业中的英雄品质的丧失、政治活动中的英雄品质的丧失以及反英雄主义的纷纷兴起，足以说明现时代的英雄价值感已被贬到了何种程度。一方面，那些为国捐躯，为社会和他人献身的英雄行为不再像以前那样深深震撼人的灵魂，博得人们，特别是年轻人的持久敬意，即便是一些日常生活中的大胆的冒险行为也常被作为“逞能”“逞强”而遭到嘲笑。另一方面，我们比以前更多地看到或听到见死不救乃至落井下石的报道，许多年轻人甚至不敢相信他们在经验中适合于解决那些需要冒险才能解决的时代的根本问题。对死的恐惧越来越把人置于不愿冒险的境地，英雄主义似乎成了脱离生活

的遥远的神话。

事实上,英雄主义是对死亡恐惧的否定性的反应。一个社会对英雄品质的尊敬程度直接反映了这个社会对待死亡的普遍心理。一个民族如果没有英雄热情的激励,就不可能出现惊天动地的壮举。任何捍卫民族利益和国家主权的战争,如果失去蔑视死亡的勇武精神的支持也必然逃脱不了死亡的结局。这不仅仅是因为在战争中只有使人战胜死亡的恐惧才能激发人的战斗热情,而且是因为只有藐视死亡,人才能走出自我并且紧密地团结在整体的利益之下。

二、死亡压抑

吉尔布格在谈到死亡恐惧时这样写道:“如果这种恐惧始终是有意识的,我们就不可能从事正常的活动。必须适当地对它进行压抑,以使我们稍稍过得轻松些。我们非常清楚,压抑不只是意味着抛开和忘却被抛开的东西和放置这种东西的地方,它也意味着不断进行心理上的努力,并且在精神上毫不松懈我们的注意力。”①

的确,在争取生存和发展的历史过程中人类不仅要解决自己的安全问题,而且要以各种方式来压抑自己对死亡的恐惧。无论是从个体的方面看还是从群体方面看,死亡恐惧与死亡压

① G. Zilboorg,“Fear of Death”, *Psychoanalytic Quarterly*, 1943,12: 465 - 475.

抑始终相伴而生，后者作为人类用来对抗死亡的一种有效手段，乃是人的自然过程获得社会特性的结果并且日益成为文明化过程的一部分。正因如此，精神病学家莫洛尼（Moloney）认为，死亡恐惧是一种“文化机制”。马尔库塞则认为它是一种“意识形态”。诺曼·奥·布朗甚至觉得儿童是在摆脱死亡恐惧的“第二次无知”中成长起来的。因为正是通过压抑，死亡恐惧才无法否定人的自然生命力，相反，儿童能借此全身心地投入自己的肉体生活。

那么，死亡压抑是如何形成的呢？它又能如何发挥作用呢？

一般来说，死亡压抑包括两方面的内容，其一是个人压抑；其二是社会压抑。所谓个人压抑是指社会给人灌输的各种心理防御机制。这些机制是在个人成长过程中逐步形成的。整个儿童期是形成这种机制的关键。随着社会化过程的继续，儿童能借助那些防御机制阻止潜意识领域里的痛苦体验、情感冲突以及随之而来的负罪感和焦虑感进入意识领域。由于这些因素并不出现于意识领域而是潜藏在人的无意识深处并间接地影响个人的思想和行为，所以他们永远具有个人体验的性质。虽然我们可以用理性的概念对它们进行不同程度的诠释，但其中始终包含理性不可说明的内容。

就社会压抑而言，不同社会成员可以有意识地运用一些约定俗成的普遍形式来掩饰或转移他们对死亡的恐惧。任何一种语言、一个社会、一种文化传统都是一个特定的死亡压抑系统。在这种系统中，死亡不仅被看作自然过程而且被看作社会过程。唯其如此，它才蕴涵着被社会文化因素强化或淡化的可能性。

在动物性层次上，死亡是没有意识的，因为动物不能意识自己的死亡。由于文化因素的参与，人越来越远离动物性，人对生命过程的社会化意识使人从自然死亡中超拔出来并由此获得一种价值优越感。然而，人在意识到自己必有一死的同时必须想方设法逃避死神的威胁以及由此产生的各种烦忧。换言之，人必须以社会化的方式来压抑自己对死亡的意识和与之俱来的焦虑与恐惧，否则，人就无法进行正常的思考和活动。我们的日常语言、葬礼、宗教信仰以及其他的社会文化活动为对死亡进行全面的压抑提供了现成的手段。

个人压抑与社会压抑本是统一过程的两个方面。前者是后者内化的结果，后者只有通过前者才能发挥作用。从根本上说，死亡恐惧和死亡压抑都是社会造成的。由于人并非生来就害怕死亡，外在的社会因素，如死亡观念和死亡知识在形成人的死亡一事方面就起着举足轻重的作用。个人是无法亲历死亡的，死对他始终是一种可能性。只有通过他人或社会，这种可能性才成为现实性。因此，死亡恐惧激起压抑并不取决于个体本身而是取决于个体与外界的现实关系。

大量精神分析学的成果告诉我们，人的恐惧取决于他感知世界的方式。对一个彻悟生死的人来说，死本身并不可怕，因为那不过是“人经历短暂的烦恼、狂热的存在之后，经过徒劳的希望和空幻的恐惧之后又沉入最后的长眠”。就儿童对世界的感知而言，有两点是我们必须注意的，是他对自身的力量持极不现实的态度，二是对因果关系的认识混淆不清。正因为儿童生活在完全依赖的处境中，当他的需要得到满足时，他便感到世界完全是为自己而存在的，他觉得自己就是全知全能的上帝。如果他经受了饥饿、痛苦和不安，他所做的就是大哭大叫，但他的欲望马上能得到来自父母方面的满足。不过，父母及其家庭成员不可能无限度地满足他的欲望。因而，当他受到父母或他人的限制时，他就有一种孤立无助感并对他人产生敌意。华尔(Whal)指出：

> 一切儿童的社会化过程都是痛苦的和令人沮丧的。因此，儿童都不可避免地对其社会化者产生敌意的死亡愿望，所以没有人能以直接或象征的方式逃避对人的死亡的恐惧。压抑通常……是直接的和有效的……①

另一方面，儿童的成长过程又是接受家庭和社会的约束过程。这一过程隐藏着儿童的内在失败感和受挫感。儿童与衣服、名字、家庭和周围的玩耍世界一起出现，但内心里充满了对那些受挫过程的噩梦般的记忆，充满了对流血、痛苦、孤独、黑暗的可怕的焦虑和恐惧，此时，只有压抑死亡，只有把那些可怕的焦虑和恐惧转变成对产生那些焦虑和恐惧的外在原因的憎恨和敌意，才能防止各种可怕的念头闯进意识的领域。这一转变过程不仅表现为许多儿童故意尿床，故意弄脏自己的衣服(如把粪便到处涂抹)，而且表现在他们从观看其他动物的死亡中获得一种透心的愉快。几乎所有的儿童都喜欢碾死昆虫或折磨别的动

---

① C. W. Whal, "The Fear of Death", in Feifel. ed. *The Meaning of Death*, New York, 1959.

物，有的甚至要让这些动物死得越惨越好。比如，我们在小时候常喜欢折断蜻蜓的翅膀，去掉青蛙和爬虫的腿，然后看着它们慢慢死去。这类事实固然印证了弗洛伊德所说的死亡本能的存在，但最根本的是它们反映了人类转嫁死亡的心理。转嫁死亡无疑是死亡压抑的一种特殊方式。尽管死亡实际上是别人无法代替的，但个人总是下意识地希望能把死亡转嫁给别的对象，这种对象既可能是人，也可能是物，还可能是人所创造的复杂象征。即使人人都意识到自己难逃一死，他也不会心甘情愿地被动等死，在走投无路的情况下，他还宁肯幻想“死亡代理”的到来。比如，在迷信之风盛行的古代，有些原始部落常用活人来祭祀河神，以便把众人的死亡转嫁到某个人身上，希望通过他（她）的死来避免群体的灭顶之灾。随着思想的开化，人类把死亡渐渐转嫁到动物身上，用动物来祭神就是其突出表现。

另外，个人的死亡压抑与负罪感有着直接关系。在受挫时，儿童下意识地希望他人死亡，尤其是希望父母或兄弟姐妹死亡。但在知道他人死亡后，儿童又常以为自己对这些死亡负责，于是，产生了负罪感，死亡则往往被看作对自身罪恶的惩罚。在儿童那里，死亡观念本身具有非常矛盾的性质，它从社会中所获得的象征意义使死亡压抑成了可能。而死亡象征的复杂化意味着压抑手段的完善。儿童经常做噩梦就是他所接受的可怕现实在无意识领域的表现，它不仅标志着压抑的成功，而且能使人从中获取一种积极的力量，因为噩梦的存在维持着儿童内心的平衡，他以象征的形式同化了儿童对世界的恐惧，对为他人的死亡负责的恐惧以及由此产生的负罪感，从而使儿童的意识生活免遭

死亡恐惧的困扰。当我们发现死亡恐惧被个人向外发展的冲动所吸收时，我们就可以合乎逻辑地推断，任何向外或向内的攻击性行为都是死亡压抑的一种形式。

从一定的意义上说，个人的童年是浓缩了的人类的童年。那些在人的童年期就表现出来的死亡与负罪感之间的联系也表现在早期的人类神话中。这种神话作为压抑死亡的社会化方式使个人获得了一种来自超验世界的支持。据说，在伊甸园中的亚当和夏娃一开始并没有死亡观念，只是由于他们违背了圣父的命令，偷吃了智慧之果，死亡才像影子一样尾随他们。死亡是对人类原罪的惩罚，代我们受过的耶稣被钉在十字架上，从而完成了对原罪的洗刷。由于他以死承担着人类的命运，我们的罪孽感相对减轻了，同时，我们又从他的死而后生中看到了自己再生的可能性。这样，耶稣的死亡与复活就满足了两方面的需要，即减轻罪感和压抑死亡的需要。

借用爱利亚斯(Robert Elias)的语言说①，个人对死亡的压抑建立在“幻想知识”(fantasy-knowledge)的基础上。“幻想知识”是相对于“实在知识”(reality-knowledge)而言的，前者与想象和虚构联系在一起，后者则是关于个别事物的实际知识。如果这种话确有道理，我们就应当承认，幻想知识和实在知识是此消彼长的。我认为，作为文明化过程的产物，幻想知识不仅是人特意地认识世界的一种方式，而且成了早期人类生活的支柱，天

① 参见爱利亚斯的著作《濒死者的孤独》(*Loneliness of the Dying*)1985年英文版。

堂、地狱、原罪及其惩罚都是人们的幻想，通过这些幻想，死亡既可以变得更加狰狞可怖，又可以变得更容易忍受。在缺乏对抗死亡的现时手段的时候，这些幻想知识直接压抑着人们对死亡的恐惧。由于人与自然的交往过程一开始是一个无计划的自发学习过程，人追求幻想的知识与其说是出于好奇心的驱使和现实生活的需要，还不如说是想通过寻找永恒的符号来转移人对死亡的恐惧。这一点恰恰可以说明在实在知识越积越多而幻想知识越来越少的今天，人类对死亡的压抑为什么有增无减。

幻想知识能培养人的超验精神，这种精神使人摆脱了生活的个别性的烦忧而获得一种升华的超脱感。死亡的十字架无疑是必须靠个人去背负的最具有个别性的东西，社会给我们提供的压抑死亡的现成手段首先就是超越出了人的个体性的语言符号系统，如图腾、宗教、墓葬仪式等。在日常的言谈中，我们尽量回避死，谁也不会把人终有一死的事实主动告诉自己的孩子。在万不得已的时候，我们常用一些意义含混的词汇(如“去了”“千古”等)隐晦地表达某人的死亡。在历史上，人类使用各种各样的死亡象征，创造了各种各样的丧葬之礼，形成了“鬼魂”和“来世”的观念，创作了五花八门的墓志铭和挽歌，古代的帝王将相在死前就大肆修建陵墓以便为死亡作准备。所有这些构成了多姿多彩的死亡文化并在文明的起源中起过极其重要的作用。然而，就它们与人生的关系而言，这些形式表现了人类否定死亡，企慕永生的普遍心理，对这类现象，罗洛·梅曾做过这样的评论：

> 维多利亚时代的女人用宽大的衣服掩盖她们的肉体，我们则用五彩斑斓的棺材掩盖死亡，我们往棺材上放鲜花，以便使死亡有一种芳香的气味，我们以人为的葬礼和精致的墓碑来欺骗自己，是我们相信死者没有去世。我们传播一种心理福音说，我们的悲痛越少越好，我们想方设法、不惜破费地使死者过得舒适，把一切都安排得好像还活着似得。我们不让孩子们想到死，用鲜花和盛装来遮蔽死，用虚伪的葬礼来冲谈死，最终是为了在内心中掩饰死。①

现代社会对死亡的压抑与维多利亚时代对性的压抑确有惊人的相似之处，但最令人感兴趣的是死亡压抑与性压抑之间的互反倾向。在迄今为止的人类社会中，对死亡的压抑越强，对性的压抑就越松，反之，对死亡的压抑越松对性的压抑就越强。这一点可以解释为什么在人们缺乏对抗死亡的有效手段时，性迷狂往往会成为一种时尚。当然，这样说可能把问题过于简单化了，因为社会对死亡的压抑具有群体差异和文化差异，但是，我们由此可以揭示一个容易被人忽视的简单事实：生殖行为和传宗接代是人们通过类的延续性来超越死亡和达到不朽的特殊手段，继承遗产中带有继承生命的意味，而对断子绝孙的忧虑隐含着对自己的生命得不到延续的忧虑，种的繁衍能相对满足人们对不死的渴念。

尽管死亡压抑古已有之，但在不同时期压抑的程度是不一

---

① 罗洛·梅：《爱与意志》中文版第 110 页。

样的，恐惧死亡与渴念不朽原本是同一过程的两个方面。在十九世纪以前，人们普遍相信灵魂不死，相信天国的美妙，加之天灾频仍，饥荒不断和病疾流行，死亡现象经常发生，人们即使想回避也没法回避。所以，死亡在那时是一个可以公开谈论的话题。在中世纪的欧洲出现了大量描述死亡现象的文学作品，人们把“记住你是要死的”这句话作为座右铭，题为“死的艺术”的绘画和画刊随处可见。在中世纪的城市里，墓地往往建在市区并且是人们经常举行各种活动的场所。这样做不仅是为了方便生者奠祭死者，而且是为了抹平生与死的差别，减轻人们对死亡的恐惧。进入二十世纪以后，随着医学技术的进步，生活条件的改善以及人类对付自然灾害能力的增强，人的平均寿命大大延长了，死似乎成了相对遥远的事情。此外，死亡场所的改变也体现了社会对死亡的进一步压抑。过去的人大多死在家里，而现在，绝大多数城市居民通常死在医院或事业型的保健服务机构。死亡场所的这种转移，意味着人在死前早已脱离了他所熟悉的环境，从而增加了人在临死时的孤独感。另一方面，通过这种转移，死亡被精心地隐藏起来，结果是家庭和朋友与死者接触的机会大大减少了。亲友的死亡给他们带来的悲伤也相应减轻了。一般来说，医护人员是把死亡作为程式化来处理的，他们尽量避免与快死的人产生感情。所有这些为死亡压抑创造了条件。

今日社会的死亡压抑当然还表现在其他方面，我们的言谈、思想和活动刚一触及死，就会自然地转移开去。垂死者普遍遭到别人的冷遇乃至反感，人们躲避死者就像躲避瘟疫一样。尽管人们都知道生老病死是一个自然过程，但他们仍然不愿看到

死亡现象的存在。在婚宴、重大节日和其他喜庆的活动中，“死”这种字眼以及使人联想到“死”的各种象征符号是绝对不许出现的。如果出现，人们心中就会隐隐产生一种不祥之感。在缺乏对抗死亡的有效武器时，为了不致让死亡恐惧影响人的快乐和幸福，社会对死亡进行一定程度的压抑是必要的，因为压抑既是集聚生命能量和保存生命活力的重要条件，又是团结个人，稳定群体的一种手段。在原始社会，那些用来压抑死亡的永恒符号可以把大家紧紧联系在一起，有些人甚至为了这些符号而不惜流血牺牲，因为他们不仅规定着个人生存的意义和目的，而且关系到部落的荣誉与兴衰。在永恒观念越来越失去吸引力的现代社会中，人们除了对死亡采取回避态度，还能找到什么方式来压抑死亡呢？但是，我们也应当充分估计这种压抑的不利后果。

首先，压抑死亡是造成死亡孤独的重要根源。把死亡掩盖起来固然能使艰难跋涉在人生旅途的碌碌生灵避免死亡的暂时干扰并忘我地扎入外界的繁琐事务。但是，它像一堵无形的墙把濒死者与外人无情地隔离开来。对个人来说，死亡毕竟是非常阴郁的，濒死者最需要的是与别人进行某种感情交流，特别是与自己的亲人进行各种交流。某些神志清醒的濒死者常常敏感地把他人对死亡的态度（如厌恶、不耐烦）直接看作对自己的态度。一旦濒死者把死亡与自己联系起来，就等于他必须在接受和不接受之间作出选择。接受死亡通常是无可奈何的，它意味着个人封闭了自己，因此无所谓孤独与不孤独，不接受死亡则意味着个人尚有与他人沟通的需要。而别人对他的躲避恰恰打断了他与别人的交流过程。此时，他会有一种被遗弃的感觉，死亡

孤独由此产生。死时的孤独与生时的孤独本质上是一致的。它是一种价值失落感。濒死者强烈地意识到死亡仅仅是他个人的事情，他必须独自承担死亡的痛苦和进行无望的挣扎，随着死亡的逼近，他和他的世界将永远消失。人为地造成这种孤独或是无视这种孤独都是极为不人道的做法，同时也大大有损人格的尊严。当临床死亡期已经到来，医护的目的被迫改变，这时我们不应片面地追求治愈病人，而应当给垂死者提供精神上的支持和人情的温暖，使病人尽可能坦然地对待死亡并尽量化解死亡时的痛苦。近年来在西方兴起的临终病人收容所运动就是社会解除死亡压抑的初步尝试。

其次，压抑死亡进一步增强了人的死亡恐惧。由于个人和社会对死亡的长期压抑，现代人在生时很少愿意考虑死的问题，所以对死亡自然缺乏应有的心理准备。这一点表现为他们面对死亡的事实往往惊慌失措，无所适从，遇到死亡的打击他们一下子丧失了自持自制的能力，平时的镇静自若转眼不见了。

就病人家属而言，由于平时对死亡采取回避态度，他们总是不愿意把真实病情告诉病人，对没有心理准备的病人来说，这样做确有暂时的好处。但是它在实际上既妨碍病人与家属之间充分利用死前的时间进行感情交流，又会增加病人的孤立无助感，也不利于病人充分利用死前的时间为人格完善做必要的工作。许多人没能留下遗嘱多半与不知道自己的死期有关。如果大家都能以坦然的态度去对待死亡，就没有必要制造那么多禁忌。禁忌是恐惧的表现。没有死亡恐惧就没有死亡压抑。正因如此，家属们在病人死后还是尽可能冲淡死亡的气氛，从给死者整

容到举行丧葬之礼都体现了这一点。一般来说，亲人死后，活着的人多少要经历一段悲痛过程，这个过程包括忧伤、幻想死者复活、哀痛、适应几个阶段。第二阶段虽然是死亡压抑的另一种形式。当人意识到亲人复活的虚幻性时，他的哀痛和恐惧会相应加深。因此，死亡压抑的直接后果是，它把人的隐忧和恐惧集中于一点，并以压倒一切的力量对人的其他情绪活动产生破坏性的影响。

就病人而言，由于一直生活在压抑死亡的环境中，他们很少有机会来了解死亡知识，更没有机会来接受死亡教育和对抗死亡的心理训练。一旦死神来到他的身边，他的心头会突然罩上无边的神秘。对死亡的无知只能导致他想入非非，导致他把本不属于死亡的阴森恐怖意象加诸死亡事件本身。因此，与其说人们是在恐惧死亡，还不如说是在恐惧自己对死亡的想象，恐惧各种各样的死亡观念。当死亡被许多社会迷雾紧锁着而成为猜不透的封闭世界时，垂危者每每觉得自己已经陷入了无人能够救助的深渊。由于过分的恐惧和忧郁，很多本来有可能积极生存下去的病人常常不愿配合医生的治疗。其意志的彻底崩溃使他无法鼓起生存的勇气去与死亡进行抗争，相反，他常会带着深沉的惨痛走上自我毁灭的道路。

第四章　死的哲理、诗意及宗教情感

弗罗洛夫曾经指出："任何一种哲学体系，如果它不能诚实地客观地回答与死相关的问题，它就算不上一个完整的体系。"①现在也许不是一个建构完整体系的时代，这个时代里，我们也不否认一个哲学家有研究死亡之外的哲学问题的合法性，更无意把一切哲学问题归结为死亡问题。但我们都清楚地意识到，只要一个哲学家对人生保持着起码的真诚，他就应当直视死亡的事实，并能为这一事实倾注形而上的热情。

古往今来，献身于思想的人们几乎都认识到一个基本的真理：人生的图画是由死亡圈定的，因为死亡意识是自我意识的最强确证。在充满死人的哲学的战场上，我们所看到的不仅仅是为实现自我意识而在思想的争站中牺牲了的理想，而且是从血淋淋的现实中悟出人生真谛的各色各样的死亡哲学家。对死的沉思激发了不少哲学家的灵感并使他们的哲学更加切近现实与人生。在"死亡"这个触及生命本根的问题上，哲学家们甚至找到了审视世界的新的角度以及与各种"主义"相联系的新的立场和方法。

---

① 科恩：《自我论》，佟景韩等译，三联书店，1986 年，第 100 页。

死是哲学的源头，也是诗的源头。体悟死、吟咏死不仅是诗人的天性，而且是诗人的宿命。如果说生命的哲理最终都离不开对死的沉思与冥想，那么，诗人诗化着的智慧自然应基于对死的深刻感受和领悟。不管是从生的角度去理解死，还是从死的角度去理解生，只要我们把死视为人生不可动摇的指向，对死的任何诗意的领会总要在先地影响一切生的内容。

人本质上是充满诗意的。唯有诗意的品格才使人进入神性的显明，当诗人到死中去发现诗意的世界并在这种发现的激励下召唤我们诗意地趋生赴死时，天外人间都流溢出诗的畅响。

但是，人尚未学会诗意地生活，更没有把握诗意的死亡。人因死入诗，诗因死长在，在今天这个缺乏诗性的时代里，人的希望就在于实现诗意的自救。

在文明的进程里，宗教感情一度是人类生存的支柱。尽管这种感情最终导致了理性的毁灭，给人类带来了无端的苦役和牺牲，但拥有这种感情并不等于绝对的罪恶。当人间的苦难变得难以忍受时，当死亡的悲剧愈演愈烈时，宗教感情会在人们心中自然而然地升腾而起。现代人当然有理由对宗教的消极结果说三道四，也有理由说宗教是灵魂的鸦片，但我们是否想过，人生没有宗教感，文明会是什么样子呢？

宗教与宗教感互有区别而又互相关联。前者是后者的生活与凝聚，后者却不一定采取前者的形式。人可以没有宗教，但不能没有宗教感。唯有这份感情能使人感到内心的依持与充实，也唯有这份感情能使人保持内心的肃静与庄严。人生充满了劳苦，死亡影响着生命的每一瞬间，如果人不具备内在的宗教感，

他将何以培植那可以清楚人生悲愁和克服生命有限性所需要的超验精神呢?

企慕永生,追寻神性,向往天堂、乐园,是人性的内在要求。对恒定常存的东西保持内心的虔敬并愿为此而献身,这就是我们通常所说的宗教情感。有了这种情感,人生就有了方向,有了归宿,有了动力,有了对抗死亡的伟大力量。

死紧随着我们,驱迫着我们,同时也给我们带来了光荣与梦想。

一、哲学是死去活来的思

死亡是哲学的主题,并且永远是哲学的主题。哲学史上几乎所有的大哲学家都不同程度地触及死亡这个人生的根本问题,甚至有不少人不断从死亡中汲取思想的灵感,以致他们把死亡本身也看成了死亡的练习。雅斯贝尔斯曾深有感触地说:“为难极境,边缘状态就是我研究哲学的源泉。”

哲学是死去活来的思,是如痴如醉的思,是得意忘形的思。只有看破死,彻悟死,世界和人世才是可以理解的;只有在思想中突破死的限制,哲学才可能成为自由自在的思想。在追寻死亡本质和意义的过程中,哲学构造了又一个超现实、超生死的理想世界。由于执着于这个世界,哲学正像尼采所说的那样“把自身变成快乐的科学,变成永恒思想的艺术”。思想本身也是需要思想的,思想是人存在的唯一标志。有人说,“我”是意识中的死角,正如我们的眼睛可以看到一切唯独看不到自己一样。但哲

学向人表明，我并不会成为死角，对死的思索能使我活跃起来。因为思之在离不开在之思，思的消失意味着人的死亡。哲学把死之思视为生命存在的特殊方式，并且证明只有在思想中，死亡那个才是可以超越的，因为唯有思想能建立起彼岸世界，并帮助人实现由此岸向彼岸的跃迁。

作为人，哲学家本身也难逃一死。由于哲学家对人性问题表现出天生的敏感，他比其他人更容易受死亡的触动，在面对死亡时比其他人更容易超然发悟，趋于大通。在多姿多彩的哲学舞台上，许多哲学家一开始是在死亡的煎迫下沉入哲学思索的，他们满怀忧心地猜着死亡的大秘。为了摆脱死亡的纷扰特别是对死后虚无的恐惧，他们试图通过哲学的玄想去寻求生命的自救。有不少哲学家甚至被死亡逼上了思想的绝路。在那里，他们陷入了迷乱与疯狂，同时也悟出了残酷的令人摧心的真理："从生活到死亡，从存在到乌有，只在霎那间掠过，就应该好好地选择。"(《哈姆雷特》)

基尔凯郭尔、叔本华、尼采、维特根斯坦等人都属于从自己的人生经历悟出这类真理的哲学家。他们摇摇晃晃地行走在人生的独木桥上，无时无刻不感到自己有下坠深渊的危险。亲人接二连三的死亡和自己生命岌岌可危的预感不仅使他们深深体会到灵魂的孤寂和揪心的痛楚，而且使他们对世界和人生产生了无穷的疑问与困惑。"我是谁？死亡又是什么？生命有何意义？"对这些问题作出令自己心服的回答乃是哲人们终生为之心焦的目标。不管个人经历多么不同，不管命运多么凄惨、灾难多么深重，他们都得面对相同的结局——生命的毁灭。

对哲人们来说，既然在死亡面前人人平等，那么，人要充满个性地生存，就必须在生存的终了展示自己独特的风采。正因如此，哲学家们理所当然地提出了形形色色的死亡观。有人把死亡视为痛苦的经验和灵魂的解脱，有人把死亡视为狂乱之后的宁静的睡眠，有人把死亡视为人生的大难，也有人把死亡视为生命的流迁，还有人把死亡视为生命最不可能的可能性。

然而，在这些形形色色的死亡观的背后却隐藏着人性的重大秘密，并力图因为自己苦苦寻求一个可以忍受死亡的理由。处于生死边缘的人是很容易相信这些理由的。死是生命的终极，人们当然需要找到一个安于这一事实的终极的理由。随着在求长生者的努力遭到一个又一个的失败，连固执得不肯承认死亡之门向所有人打开的圣人，最终也只得悲叹生死修短，不能强求。死亡的离开无法躲避，每个人在到达关口之前除了进行各种心理准备和训练还应当做些什么呢？

事实上，苏格拉底、蒙田等哲学家正是在为死亡做准备的意义上来谈论死亡的。在他们眼里，学习哲学就是学习死亡，因为他们把死亡视为灵魂脱离肉体滞碍的过程，而哲学的一个重要功用就是使灵魂逐步超升，飞离尘世并使世界成为普遍的精神化的世界。再者，哲学为世界操心本质上是为人操心，对人的形而上学的关切最终表现在思的担虑上。人有死，动物无死；动物只有现在，人心却指向将来；动物很少为同伴的死亡而难受，人却要为同伴的死而悲哀。灵心发露，死神现身，重重烦忧爬上心头，人怎能心静神宁？为了沉静的心灵，对死产生形而上的冲动反而成了思想的绝对需要。

哲学如何才能满足这种需要呢？

首先，哲学不仅要净化人，而且要开化人。许多人之所以如痴如醉地沉浸在哲学思索的领域，正是因为哲学能帮助人打开心灵的窗口，给人以深沉的智慧。这一点表现在哲学本身是具有解谜去蔽的功能上。人本身是一个谜，生与死则是谜中之谜。如不能对死亡之谜作出解答，人生的谜底起码是不完全的。在历史上，几乎所有哲学家对死亡问题都有所论说。这并非偶然的现象，因为哲学概念讲到底是人对世界对自身的经验的凝聚。对生命过程的觉知在很大程度上是由死亡经验决定的。就像死亡给人生划定了范围和限度一样，对死亡的认识蕴含了对生命本质的理解。从这种意义上讲，通过死的彻悟拟将展现人生的最高慧见。

在日常意识中，死犹如迷雾遮蔽着人心，对死亡本身的无知以及这种无知带来的恐惧导致了人类历史上出现的无数愚蠢之举。哲学要求你抛弃外在的尺度，运用你自觉的判断，以思想的阳光对死亡加以洞明和照亮。虽说死亡的实在性并不因为哲学的出现而有丝毫的改变，但哲学能给你带来直视死亡的勇气，因为在哲学中死本身是不死的，诚如西塞罗所言，“哲学是关于神性与人性事物以及包含这些事物的原因的知识”，有了这些知识，你就可以了解自己的由来和归向，从而打消因对人的格局的茫然无知而产生的忧虑与绝望。人人都“向死而在”，但这个总的过程却充满了偶然与奇迹，人从中找到了赖以生存的力量。因而可以满怀希望地展示自己丰富的可能性，指点和开辟这种可能性正是哲学赋予我们的使命。

在哲学家眼里，一切都是通明透亮的。对他们来说，生命不过是闪现在蓝天中的光点，它的出现浓缩了宇宙的秘密，同时也用自身的光明显示出宇宙的幽深。不过，用看破死的眼光去看宇宙，宇宙的秘密也无所谓秘密，这不但是因为宇宙本身即在无数的死亡中存在，而且是因为，生命的生生不息不过是宇宙运行的特殊方式。宇宙不能缩小，自我却可以放大。收其情而放其心实是哲人思考的本性。

所以，东方哲人为了消解死亡，总是强调自我与宇宙的圆融合一。在他们的心目中，人的生死寿夭与宇宙的运作和四时的变化息息相关。僧肇曰："玄道在于妙悟，妙悟在于即真；即真即有齐观，齐观即彼己莫二。所以，天地与我同根，万物与我一体。"①此论表明，心与天通的事实乃是人的内心体认和生死相齐的形而上的基础。

然而，从根本上说，哲人究天人之际，通古今之变之所以可能，并非他们永远保持着寿与天齐的梦想，而是由于他们克服了死亡的障碍，于万变中找到了不变。心驰意走，终有所归；人生无常，必有所定。对死亡的认识帮助哲人在静观自然，透视历史，洞察人生的过程中直抵现象世界的本质。赫拉克利特说："一切皆流，无物常驻。"人以死亡印证了这一宇宙的普遍规律。就此而言，人与天地万物无二，但人能发现寂天本身的不灭。哲人感兴趣的就是这种不灭的东西，他以不变之心去应万变之事，所以认识到"不死的有死，有死的不死"。

---

① 僧肇：《涅槃无名论》。

死消除了人与物的差别，因而也清除了人与世界的差别。唯其如此，哲人在对死的觉悟中找到了理解天人一体的钥匙。窥破了人生也就窥破了世界；窥破了死亡也就窥破了人生。不管人类向何处发展，他都得遵循生生死死的原则。正是在这一点上，人与世界获得了最终的统一。哲学家能"乘千化而不变，履万感而常通"，最根本的原因就在这里。

在通常情况下，死是思考的屏障，不能超过这一屏障就意味着思想的结束。常人在隐讳死、回避死时放弃与死相关的思想，因而也放弃了到思想的危险地带探求真理的机会。人们为自己的生存而操心劳神，而从不愿把自己放在死亡的背景上加以掂量。即便在死到临头时他要迫不得已地想到死，他也只是让死的情形在头脑中电闪而过。他心中关心的是他的儿孙、他的财产、他生前的功德和死后的荣耀。

哲学不愿让思想成为死亡的奴隶，它要突破死亡对思想的限制，并通过对死本身的探讨来证明，哪里有死亡，哪里就有思想。哲学不回避任何东西，它尊尚思想的无拘无束。因此，它不会为死所限而执迷不悟，也不会惑于人伦物理，而能在打破有限，趋向无限时守护真心。

哲学的魅力，一方面来自它对人心的深沉慰藉，另一方面来自它对人的反省意识的培养，即便是专注外界的自然哲学也能使人在放眼天空时形成包容宇宙的博大胸怀。康德把"繁星灿烂的天空和心中永恒的道德律"纳入了自己的体系，这给我们带来了与宇宙冥合的灵感。但在反省意识的形成过程中，对死亡的理解是不可缺少的环节。当人心向外指而不加内求时人往往

迷失在外在的事务里，而死亡意识则使人收摄心神，回返自身，从而确知自己存在的处境。由于死总是人的死，人对死的自觉即是人对自身终极性的关怀。在死的冲震下，人比任何时候都更真切地体会到内心世界的实在和广阔，而对这个世界的发掘和开拓不仅是自我力量的显示，而且是丰富精神和完善自我的必要条件。在我们这个注重开发外在世界的时代里，人心之所以浮躁，灵魂之所以败坏，精神之所以贫乏，主要是因为人遗忘了内心世界，或丧失了冥想能力。如果人心不能内照，它就不可能展示自己深刻的内涵；如果人心只是一味到外在世界中去寻求满足而不对自己加以认真的培养，它就不可能拥有源源不断的内力。精神的单一乃是心源干涸的直接后果。只知开心而不知收心已把我们的时代引入了思想的荒漠。在这样的时刻，也许唯有死亡意识尚能提醒我们走出沉沦，除此之外，我们到哪里去寻找扭转上述思想定势的契机呢？

哲学的沉思使哲人们获得了平静地面对死亡的力量，这是为哲学史反复证明了的事实。虽然哲人之心并不总是平静无波，相反它常常涌动着激励人心的思潮。但是，那沉甸甸的哲学语言和那富有力度的形而上的内容会把人带离喧嚣的现象世界。正如巴门尼德和柏拉图早就指出的那样，哲学的着眼点是那寂然不动的存在。只要人谨守这种存在，恭听它的召唤，他就能去幻存真，排除包括死亡在内的各种外在的纷扰。真正富有人情味的哲学家会像苏格拉底那样用自己的行动去阐发自己的思想，死神愈是逼近人心愈是镇定。当他专注单一的思想时，他就可以从紧张的情绪中解放出来。这里虽然没有飘逸中的极

乐，却有恬淡中的空灵。形而上的沉思是精神内聚的重要手段，心猿意马则是心力消散的征兆。谁居心于本体，并能修心不辍，谁就能掌握对付死亡的有效武器。更何况，哲学本身的绵延不绝已经向我们表明，人死了，他的思想永远活着。

令人惊异的是，人类对待死亡的历史态度与个人的死亡观念的发展有着许多相似之处，人类死亡意识的嬗变是死亡个体化过程的强有力的证明。在原始人的观念中，他人之死与自我之死并没有不可逾越的鸿沟，生与死是互渗的并且具有多重性。死亡乃是自我的分解以及自我与他人的重新融合。对原始人来说，人死后，灵魂可以通过替身存在于部落里，他人身上也可能有自己祖先的灵魂。在环环相扣的生命链条中，自我不仅承继着祖先的精神，而且担当着同族人的命运。在此，我既是我，又是他人。我的活动是自我和他人（如祖先和同族人）的共同活动。这样，任何个体的死亡都没有独立的自在的意义。因为每一个体的死不单单是他自己的事情，而是整个部落的事情。个人以自己的死参与了整体生命的流转，整体关系的重组则以个人的死亡为前提。赎生、假死和殉葬之所以长期风行，其深刻的根源正是在这里。

但是，自我意识的形成和发展彻底改变了自我与他人的关系，因而也改变了自我之死与他人之死的关系。对自我价值的确认把人从他所生活的群体中分离出来，经过这种分离，人类经受了肉体与灵魂的碎裂。人的存在的凸现打破了人与世界的原有格局，同时也让人倍感死亡之轮的沉重。对生命的自由独立的要求固然促使人产生了鹤立鸡群的愿望，但正是这种愿望加

深了人对死亡的恐惧。在愈变愈浓的阴暗气氛中，个人总是千方百计把自己沉没到与他人的共在中去，在这种观念的指导下，人不断遁入自然，遁入群体，遁入内心，以此实现对死的遗忘。实际上，他人与我一样也是必死的个体，我在一生中不可避免地听到他人死亡的消息或亲眼目睹他人的消逝。面对他人，特别是自己的亲人的不在，活着的人除了走出内心、承认事实还能做些什么？

死是最高的现实。只有在这种现实中打上自我的印记，他方能辨认出形将隐没的自我。死亡的事实是自我存在或不存在的尺度，自我所完成的一切通过死而变得更加鲜明。在通常情况下，人引入了在芒无涯际的世界，引入了人为之献身的社会共同体。死亡把自我从共同体中挑选出来，他人借此最终意识到我的个别性，并把“我”也作为他人来看待。“我”以“我”的逝世触动了他人，向他人显示着我的存在。为了表示“我”到过这个世界，不少青年在找不到出路的情况下走上了自杀的道路。这些人孤注一掷去进行自杀死亡的历险，绝不只是为了检验自己的意志和勇气，而完全是为了唤起他人对自我存在的关切。不了解这一点，我们就不能消除自杀现象的终极根源。

当然，通过自我的死亡来确证自身的存在是十分消极的做法。个人可以采取富有创造性的活动来显示自己，自我与他人所发生的各种关系本身也为人的自我实现提供了多种多样的可能性。自我的意义既是由自我与他人的关系确定的，他人对自我之死的处理就必然在一定程度上反映自我的个性特征。

据科恩的研究，原始人并没有一般“人”的概念，在他们那里，人与非人，死人与活人的区别非常模糊。到古希腊，自我的独立性开始得到肯定，死亡第一次成了纯粹个人的事情。丧葬方式的多样化不但反映了个人死亡形式的多样化，而且反映了个人存在的多样化。正因如此，自我之死的问题才真正成为问题。

在古罗马，每一座坟墓都有碑铭，题着死者的名字、家族身份，有时还有职业、年龄和死亡日期；有些碑铭还有死者的肖像，一般都是胸像或圆浮雕像，陵墓不仅是祭奠对象，而且也是把对死者的纪念传给后代的手段。中世纪早期废弃了这个传统。约自五世纪起，墓志铭和肖像逐渐消失，坟墓成了无名墓：只要把遗体安葬在一个神圣场所和行礼如仪就够了。到了十世纪末，特别是十一世纪至十二世纪，情况又开始转变。在要人的坟墓上先是重新采纳了简短的铭文，题死者的名字和死亡日期，后又增加了安魂祈祷。在十三世纪到十四世纪，墓志铭的内容扩大到列举死者的封号和功绩，墓碑上出现了以各种方式反应死者生平的装饰图样。①

事实表明，丧葬方式，墓志铭的雕像的个体化，是与个人的个体化倾向同步发展的，前者是后者的体现，后者因前者而得到巩固和加强。从无名墓向有名墓的过渡，从合葬墓到独葬墓的过渡，是与个体独立性的发展相适应的。这一点不仅改变了自我对他人死亡的态度，而且改变了自我对人生的看法。在禁欲主义的时代，人的个性往往被抹平，一个人的死亡一般不会引起

---

① 参见科恩：《自我论》，佟景韩译，三联书店，1986 年，第 142 页。

他人的多大震动，濒死者也不对自我的死亡深感遗憾、悲哀，相反，他们常常对死后世界充满幻想。在人欲横流的时代，人们只重今生而不信来世，个人对死亡往往感到惶惑与恐惧，死亡的不可抗拒的威胁使人对现实的痛苦、灾难与不幸特别敏感，他人的死亡对自我情绪的影响也特别强烈，人愈是沉迷享乐，愈是觉得生命短暂，愈是充满青春的哀愁。

社会发展到今天，人的个体意识与日俱增，自我的独立要求随之把个人死亡的权利转变成个人生存权利的一部分（自杀和自愿安乐死的增多是其体现）。但另一方面，一个人即便有看到另一个人死亡时，也很少把自我的死亡当作现实的事情来考虑。对自我之死的这种不自觉态度越来越使人不愿了解死亡的真相，而是千方百计地把自我的死亡遮蔽起来。

二、死与家园之感

罗素说过："追求一种永恒的东西乃是人研究哲学的最根深蒂固的本能之一，它无疑地出自热爱假想与躲避危险的愿望；因而我们便发现，生命面临着灾难的人，这种追求也就来的最强烈。"从表面上看，热爱家乡与研究哲学几乎毫无关系，实质上它们之间有着内在的关联。当我们对死亡进行哲学的思考时，我们就在某种程度上体会到了这种关联。难怪诺瓦利斯（Novalis）反复强调哲学本身就是一种乡愁。

只有游子才真正懂得什么是乡愁，就像只有经历过灾难，特别是死亡灾难的人才真正懂得生命的珍贵一样。但是，当我们

的情感和意绪实现了从死向生的反跳，我们是否也有归家的感受呢？有人说死亡最能激起人对家园的渴望，那么，死亡在何种程度上促使人产生这种渴望呢？

家原本意味着安全，意味着亲切和温馨、自在和闲适，当然也意味着操劳与责任。可是，偏偏有人在家中意识不到家的存在，即便意识到这种存在，他也不过是把家作为栖居之所而已。真正的家不应当只是居所，而应当成为精神的据点和基底。流浪的心唯有在永恒的精神王国中才能找到自己熟悉的领域并在这个领域里生根下来。因此，我们要了却还乡的宿愿，就必须把自己投身到超绝的无限存在中去。

有趣的是，人们总是把死亡与回家联系在一起。中国人对死有各种各样的称呼，其中就有“回老家”“归阴”“归天”“归西”“名归黄泉”等说法，回归的观念不时困扰着我们，使我们着魔般地寻找生命的起源和根据。古人说，知生乃能全受，知死方能全归，无非是把死视为人生的最终归溯。《淮南子》云：“生寄也，死归也。”《列子·天瑞》说：“贵，归也。归其真宅。”又说：“死为归人，则生人为行人，行而不知归，失家者也。”

时至今天，人们仍喜欢把人生喻为旅途，把死亡喻为还乡。在此，我们要追问的是，人为什么要把死亡与还乡联系起来呢？细究起来，其中必定有深刻的心理根源。在现代意愿和大型护理机构（如临终病人收留所）出现之前，人大多死在家中，家既是人的安身立命之所，亦是人的感情依托之处。对家的眷恋不但把人心连在一起，而且常常成为人的活动的原动力。这样，一个人在家中死去就可以死得安然，因为家既使濒死者得到生活上

的照顾，同时还使他得到心理上的安慰。诚如黑格尔所言，死真正使人回到家庭，因为只有家庭才真正承担起埋葬死者的责任。出了事故，人们首先想到的是告诉死难者的家属：一个犯人被枪决，他的家人得给他收尸。中国人常称结婚为成家，并把"国"与"家"结合在一起，合称"国家"，另外，人们常说一个英雄人物"死得其所"，说他"视死如归"等，凡此种种，已经表明家在人们心目中的地位以及生命与家之间的本质联系。

当然，中国人称死为"归家"也是出于对家的特殊感情。在我们这个讲究"事死如事生"的国度里，死对家庭的震动特别强烈。"守孝三年易满，思亲百世难忘"这副人们常用的对联就集中体现了个人的死对其家庭的深刻影响。人们把家视为自己生命的一部分，以致把爱和死这种本属于自己的事情也看作家庭的事情。很多人似乎是为了家而去爱，为了家而努力活下去。甚至在相当长的时期里，在外死去的人总被看作野鬼，其灵位和棺材不得放在厅堂之上。家庭成员们也往往把不能在家里为亲人送终视为平生最大的憾事。中国素有"树高千丈，叶落归根"之说，它既表达了中国人素朴的家庭意识，也表达了原始的生死轮回观念。落木萧萧，残叶飘零，当死去的东西化作泥土与大地融为一体并成为新生命的要素时，死者便完成了对生者的使命，从而进入了永恒。

其实，像这样死后归根的并不限于树木。庄子早就指出："万物云云，各复其根"(《在宥》)，归根的宿愿，还乡的情愫本是人类的普遍特质。所以，海德格尔指出："一切本质和伟大的都

只有从人有个家并在一个传统里生了根中产生出来。”①

然而，上述事实还不足以解释为什么人们要称死人为归人，称死亡为“回家”，把死形容为“回家”固然表明，人们相信人来自另一世界，死后仍要回到那个世界。当然也表现了人对死亡的达观精神和坦然态度，因而在相当大的程度上缓解了人在面对死亡时的孤苦感、陌生感和恐惧感，并使人安然接受死亡的事实。但死毕竟是人遇到的最大限度。如果一个人总是意识到死对自己的限制，他的思想和行动肯定是不自由的。因而他也不可能有归家的感觉。有些人之所以视死如归，首先是因为他们从更高的层次上，即从人与自然相统一的层次上去看待生命与死亡。在他们眼里，只有自然才是人的第一个家园，死不过是人向自然的真正回归。

所以，真正说来，我们应当从人与自然的原始统一中去理解死后归家的观念。这里所说的家并不是指小家，而是指大家，即自然之家和精神之家。所谓小家，乃是我们饮食起居的地方，生儿育女的地方，供奉祖先的地方，养老送死的地方，当然对一些人来说也是获得保护和寄托精神的地方。但是，很多人生在家中却感到无家可归，甚至有些人“反把他乡作故乡”。白居易的诗“心态安宁是归处，故乡可独在长安?”不就是表达了这样的感受吗？也许是由于人类在小家中待得太久的缘故，很多人从不愿放眼天地，而是把那本来就少得可怜的激情淹没在日复一日的琐碎活动中。结果，人人心有所专而又无所凭依，人人忙忙碌

① 海德格尔：《还只有上帝能拯救我们》。

碌而又空虚难耐。“终身役役而不见其成功，苶然疲役而不知其所归”（庄子语）就是对无家可归者的真实写照。

人的无家可归感是人与自然发生严重分裂的必然结果。在人与自然和谐统一的时代，人的小家与大家、自然之家与精神之家是一致的，那时，人产生于自然、栖身于自然、生根于自然，因而，无论是相信死后归天还是相信死后入地的人都有死得其所的感觉。一个不能以自然为家者是不会发出“抱明月而长终”的感叹的。惯于“日出而作，日入而息”的古代人，尽管因安于平稳而不敢冒险，因乐天知命而不敢进取，但他们于自然生活的汲汲营营中倒能体会到充盈踏实的感觉。对身怀家园之感的人来说，自然不只是事物的偶然组合，而是一组和谐的音符，一首深奥的诗篇。颤动的心灵在此感到如许的神秘，低语的森林给人提供对话的朋友。所以，当人步入自然世界、当人徜徉于洒满露珠的幽静时，他会觉得自己已与自然交融合一。由此，人学会倾听自然的律动，学会理解自然的语言，学会捕捉自己留在自然的踪迹。于是，很多人愿意老死山林，很多人争相为忠魂烈骨培上一锹黄土。在历史上，土葬（有些地方也实行水葬、火葬、崖葬和天葬）之所以成为人类葬死的主要方式，不单单是因为它简单、卫生，更深层次的原因在于它体现了人类对大地、对自然怀有回到家园般的感情，它象征着人来自自然最终又回到了自然。正因如此，今天仍有许多人称死者为“归土”或“归位”。

人类在死亡方面所表现出来的家园之感还不仅如此。在世界各地的墓葬中，我们发现一个共同的现象，由于人们相信坟墓是灵魂的住所，他们总喜欢用家庭生活中所需要的东西来陪葬死者，帝王将相们则把陵寝造得像宫殿一般。家庭的各种陈设一应俱全，俨然把死亡视为幽魂还乡。死者生前有“朝”，死后仍要设“朝”；人活着时有“寝”，死后仍要设“寝”。[①] 中国陵寝制长期存在的事实不仅表现了灵魂不死观念，而且反映了中国人浓厚的家园意识。

如今，人的家园意识逐渐淡薄起来，死不再给人以回归之感，于是人对死亡的忌讳与恐惧与日俱增。这主要是源于人与自然的原始统一被彻底打破，人的自然之家与精神之家发生严重分离。由于人类之家不同于动物的巢穴，它不只是饮食起居的地方，而且是心灵的依归之所。所以一旦他找不到精神的支持，他就感到真正的无家可归。今天，自然失去了原有的保护性质，天空布满烟雾、酸雨和人造物的残骸，大地到处是垃圾、污水和废料。我们在自然中走过千百遍，自然对我们仍是那么陌生。也许是对自然过分盘剥灭绝了自然的生命，大地的再生能力逐渐衰退了，我们绝少看得见自然的生机，尽管有识之士一再呼吁“爱护自然就是爱护人自身”，但人们仍在充耳不闻地对自然进行疯狂掠夺。黄昏之际想不到黑暗使得我们自食其果：我们戕害了自然最终也戕害了自身。

罗洛·梅曾经指出：“我们越是与自然疏远，我们就越是接近死亡。原子分裂是我们强奸大自然的象征，它关联着我们对死亡的恐惧，我们内心的罪孽感和我们压抑死亡意识的需要。”现代人为了找回失去的家园怎样实现与自然界的重新统一呢？

---

① 参见杨宽：《中国古代陵寝制度研究》，上海古籍出版社，1985 年。

浪漫主义者们主张回到自然，以自然为家、以自然为友。但这是导致文明退步的消极做法。真正积极的精神不是让人回到自然，而是让自然回到人，回到人的生活，并在自己的生活中体味到神性和永恒。只有这样，人才可能以有根的心情去完成自己生命的旅程，也只有这样，人才可能带着游子归家的心态过一种富有价值感的生活。

三、在死亡中发现诗意的世界

死不像常人想象的那么可怕，不像巫师宣扬的那么神秘。死开启了智慧的大门，也激活了诗样的人生。生活告诉我们，只有当人不去回避死并且以赏诗时的心境去对待死时，他才能真正经受死的考验，实践死的庄严。人要享有充实的人生，最重要的并不在于千方百计掩盖死的事实，而在于能从死中发现善的意义和美的理想。

"人之将死，其言也善"就表达了这样的理想。人在行将就木之际总喜欢以善的眼光、美的眼光去看待万物，召唤万物，领有万物。此时，人贪恋一切美好的东西，恨不得把一切美好的东西集于一身、从而在瞬间里充分占有这个世界，享受他从未享受过的带着光环的人生。于是，感性里的此时此刻成了理性里的无限和永恒，流动着的东西静穆地凝练为永恒的青春，丑恶的东西徐徐趋向美好的恬然如画的境界：封闭的东西敞开了，浑浊的东西澄澈了，幽暗的东西照亮了，一切都在霎那间闪着神圣的辉光。这种存在的出神状态就是海德格尔所说的世界的澄明和亮敞。世界的澄明和亮敞也就是世界的诗意，存在的诗意。

所以，死并不是诗意的消失，而是诗意的前提，甚至可以说，死是诗的灵感，诗的源泉本身。

像爱一样，死是哲学、文学和艺术的永恒主题。古往今来，许多诗人大哲就是在死中找到了创作的动力。他们哀时命、悼亡人、憾平生、忘悔恨，于是，产生了许许多多传颂千古的伤逝悼亡之作，我们用不着，也不可能一一列举以死为主题的辉煌诗篇，只要读读波德莱尔最有代表性的诗作，我们就足以了解死亡在诗中的地位。波德莱尔这位“诗人中的王者，真正的上帝”（兰波语）在划时代的诗歌《恶之花》中曾给我们细细描绘了死亡的世界：

是死亡给人安慰，唉！使人活下去；
它是人生的目的，是唯一的希望，
它像鲜酒一样，使我们陶醉、鼓舞，
给我们坚持走到日暮时的胆量；
它是透过严霜和雪，透过暴风雨，
在黑暗的地平线上颤动的光明；
它是记在书册中的著名逆旅，
可以在那里吃吃睡睡，安然栖身；
它是个天使，她那有磁力的手指，
把握着睡眠和迷梦的赠权，
她替光身的穷人们再铺好卧床；
它是诸神的光荣，是神秘的粮仓，

它是穷人的前代和古老的家乡，
它是通往未知的新天国的柱廊！

死亡中确有诗意的世界。在这里，死亡的意义并不仅仅在于它反衬出生命的珍贵，更重要的在于它本身就是生命的醇素、生存的方式、人生的希望、古老的家乡。的确我们都是作为穷人而生活在死亡的阴影之下的，因为我们没有充分拥有诗意化的世界。显然，作为类，我们都是自然界长期进化的结果，一旦作为个体，我们不过是父母偶然的产物。偶然的个体是有形有迹的，“有形必朽，有迹必穷”乃是刻在天空的真理。不过，人作为有死的个体从来就不把死亡视为生命的终结，他们也不甘承受这样的结果，于是，他们试图在类中，在世界的神性和灵性中获得永生。个体是不断消失的，而类就长存在个体的不断消失中。因此，死即是达到无限的途程。至于神性与灵性，那也不过是人追求无限、超生越死的一种方式。大地的神性与灵性从来就是人赋予的，由于有了神性与灵性，世界就有了诗意，人生就有了根基。唯其如此，参生悟死的诗人每每把自己化入神性与灵性之中，以舒扬俯观四海，齐年天地的逸兴豪情。

为了生，人们常常去制造谎言，而死却使人抛却虚伪，回复对世界的真情态度。诗则是真情态度的最高体现，因为诗并没有掩盖什么。诗人能直面人生，正视死亡并能紧扣死亡这一主题去直抒人生短促，无道长存的感叹。

然而，诗人们并不满足于直陈死的事实，也不满意哲学家所创造的有限和无限的普遍分裂。他们哀时命唯是，要人们领悟死的真实和必然，从而让他们紧紧把握活生生的现在。诗人们反复提醒我们：对死的恐惧直接表现了对生的留恋。个人的有限性可以在诗意的人生中得到超越。尽管彻悟生死的人们都知道死是专属个人的最本己的东西，因而也是最本真的东西，但我们可以在死这个谁也不能代替的个人事件中发现最能体现人的诗意性的方面，同时也能在生死这个声明的最终否定中发现许许多多肯定的因素：死在很大程度上成了个人建功立业的动力，人的德性和情感无一不在死中充分体现出来，也许我们还可以说，敢不敢自由就死是衡量人的勇气的最终标尺。

诗人叹咏死还有另一重意义，这就是，咏叹死本身就是一种超越死的一种方式。诗人毫不掩饰地指出了人天的对立、生死的无常，但这并不意味着要我们沉沦于这种对立和无常，而是要我们通过对死亡的意识，充分了解自己在世界中的地位，了解生命的价值与意义，了解自己对人类所负的责任，从而使自己从死亡的有限性中超拔出来。人生因死而有了诗意，世界因死而充满生机。如果我们生活在无生无死的世界上，一切都将是单调的重复，情无所动、心无所盼，时间被凝固，人生陷入茫然，世界不就成为意义的真空么？由于死，我们才有了无穷的乐和不尽的思。为了诗的生活，让我们再来倾听诗人的述说：

努力爱春华，莫忘欢乐时，生当后来归，死当常相思。

在此，重要的不在于思的事实，而在于春华与欢乐，在于生存与相思。以死来担当的思乃是最深沉的思，用生命去承受的

爱乃是最深沉的爱。诗人的思是普遍的思，诗人的爱是泛化的爱，当他把思与爱加诸对象时，对象便有了灵气与神性。这样，诗人才能“通识旁照”，忘身于“等生死，齐万物”的境界之中。

总之，无论是借江天之邈远来抒坦荡之襟怀，还是借花木之凋残叹生命之短促，无论是借万物之峥嵘来喻人生之长勤，还是借韶光之易逝来感人世之多难，诗人总力图把物情化、意化，讲到底，把物人化、诗化，从而让自己乘物浮游，轻扬于无限之中。所以，当诗人在语言中仙游飞升时，他不过是通过对生与死的吟咏来实现自己诗意的人生。

四、从诗意的生到诗意的死

人生的诗意化过程也就是使人生浸透诗的精神的历史过程，在这一过程中，人处处作为诗的灵魂出现并且是意义世界的真正中心。为此，人不仅使自己进入诗、成为诗，而且使自己飞升为世界的光点，用自身价值的灵光烛照大地，在这样一个充满奇迹的时刻，人们所熟悉的每一领域一下子弥漫着神秘的气氛，庸俗的东西变得高雅起来，天籁里回荡着令人虔敬的音响，一切矛盾和对抗统统消融在普遍的和谐里。不用问，这显然是一个深含韵致的境界——一种常言难以道出，非灵思难以觉悟的境界。

可是，表面地理解这样的境界也许还不能触及诗意人生的本性，因为它丝毫没有指明通达这种境界的道路。

我们经常看到，许多人爱好诗并在诗的知识方面有相当好的素养；许多人爱好艺术并力图把自己的环境布置得充满艺术

的情调，但这是否意味着他们已经步入了富有诗意的生活呢？远远没有。爱好诗和艺术以及把生活环境艺术化还只是外在地表明人具有追求诗意境界的冲动和理想，而不能保证我们已经拥有诗一样的人生。我们可以在心血来潮时吟花咏柳，也可以用画笔涂抹一二，或者以几件艺术精品点缀自己的居室，但这些都不能证明我们的生活已经整个被诗意化了。

诗意化的人生首先取决于我们是否具有诗一样的心境，对世界是否采取诗一样的态度。如果我们只是满足于让生活环境充塞着艺术品或者只是满足于把生活环境布置得符合美的规律，并以为我们从此就过上了诗化或艺术化的生活，那实在是由于我们对诗化作了非诗化的理解。

人生诗化的根本在于，人不应把自己作为接受艺术品的空虚的容器，也就是说，人不能只是看到世界向自己奔腾跳跃，而应当使自己奔涌出去，在天地间乘化漂流，逍遥抱一，以致最终做到和世界浑然无二。只有在这样的前提下，我们才能赋予世界以青春的阳刚和娇柔，并在这种赋予中给自身以真正的确信。

流年似水，青春如梦，醉生梦死者的理论和实践确然如此。但我们在诗意中却有一种恍若隔世的新生的感觉，这远不只是因为我们于诗意中飞离尘嚣，游思世外，更重要的是因为我们有着内心的平静与旷达。在这里一切有限的生命豁然融贯为外生死的长江大河，人沉浸在无物、无我、无时间的迷醉状态里。于是，阴阴的愁绪和对思的烦心自然算不了什么了。死不足以移其志，苦不足以灭其情，这就是个人的真正的诗的品质。

现在，问题的关键依然在于人尚未学会诗意地对待自己，而

诗意地对待自己的最大障碍就是不能诗意地对待死亡，毫不夸张地说，一个人只有诗意地对待死，他才有可能学会诗意地生。因为诗意地死是诗意地生的最高限界和要求。

诗意地对待死意味着什么呢？

意味着从不死的角度去看待死、傲视死、藐视死，意味着从超验的美的精神世界去看待短暂的死神出没的经验世界，意味着以无限的、永恒的、普遍的眼光去审视有限的、必朽的、个别的生命的瞬间。诗意地对待死乃是死的浪漫化过程，正是这一过程给生命带来了尊严，也正是这一过程带来了心灵的畅快与自由。不管一个人在生活中多么趾高气扬，多么耀武扬威，多么伟岸逼人，只要他在瑟瑟颤抖中为了某个微不足道或不值一哂的东西而了结自己，他的生命的光华就会在顷刻间消失得无影无踪。生命的尊严最终是由死的尊严决定的，许多人之所以宁愿站着死也不愿跪着生，其目的就是要维护生命的尊严。在此，自律成了诗意的最高原则，连死亡都难以破坏这一原则，唯有这一原则才使人作为完整的个体出现。死固然会否弃和摧毁我们借以发挥精神力量的感性生命，但死也成全了我们，使我们在生存的大限面前真正认清自身存在的处境和自己走过的道路，在这里，生命内在地显示出自由的需要，而人正是在这种需要的驱动下从事着惊天动地的事业。在无数的人生实践中，生命的一切抗争最终都在对死的抗争中找到了自己的落脚点，因为在死亡的抗争中，生活焕发了无穷的活力。

离开了对死的诗意的领悟，诗样的人生还可能实现吗？同样是死，有人死得从容不迫，有人死得惊慌失措，有人死得抱恨

长天，有人死得无悔无憾。从根本上说，死的诗意化在于面对死亡仍能表现出诗意的天性，这样的死并不是消极被动的承受和无可奈何的等待，而是坚定地站起来，像西绪佛斯那样把死作为生命的韵律，以游戏般的自如态度去消除常人在死亡面前所惯有的煎迫感和重压感。

在走向死亡的历程中，人像作诗一样构造自己，用滚滚的热情谱写着生命的诗篇。死既然是生命的终结，人就应当并且能够根据对这种总结的预想去规定自己，此即现行到死中去谋划诗意的人生。诗与人生的完美统一是世界充满韵味和温情的前提，但如果人不能在死中确证自己具有诗一样的心境，或者不能在死神降临时肃然镇定，人就永远不能进入诗意的境界。

在诗意的境界中，死是什么样子呢？在那里，死不再是死而是生，这是一种包含忧患、痛苦、劳役等人生的丰富性而又超绝于生死得失之上的澄明之境，死不再令人凄苦而是令人欢欣，因为它不再是灾难和邪恶而是引人飞升极乐的契机与门径。诗人泰戈尔曾把死亡比作人在早上所看到的光明，他让我们敞开无边的神秘，那不可思议不可名状的东西如母亲般地将我们紧紧拥抱。“就是这样，在死亡里，这同一的不可知者又要以我熟识的面目出现。因为我爱今生，我知道我也会一样地爱死亡。”（泰戈尔《吉檀迦利》）

因而死似乎是我们进入诗意境界的一种方式，因为将死诗意化引领我们挣脱死的羁勒，纵意而往，放情而归，尽量不受死的牵累。

由于诗意是人类精神的触角，它能使人最先感受到一个时

代的贫乏与渴求。所以,《诗经》云:“诗者,天地之心。”作为诗意的代言人,诗人在给诗意赋形时,对世界的变故表现出无与伦比的敏感,在诗人那里,没有什么东西是不可以入诗的。因为世界对他就是一个纯全、清明、灵动而又博杂的流响。诗人是精神世界的探路人,在隆冬的黑夜里,他率先看到了人的曙光,同时,又比其他人更深切地体会到夜的漫长与深沉。正因为诗人有洞透人天的眼睛,所以天地间的一点尘埃和污垢都可以引起他的感觉,他使我们懂得了丧钟的意义,从而使我们在志得意满中看到了世界的危象。

危象的极致不就是人的死亡与毁灭吗? 由于诗人开心纳物,澄心净虑。死亡这一人生的极限不再成为诗人吟唱的极限,诗人试图通过诗使自己获得生存的意义并最终归向诗意的死亡,而且他要把世人带到诗的面前,使所有人都能浸润诗的灵气。于是丑恶与美好,尘俗与神圣,卑劣与高尚,忧伤与狂喜,死亡与新生统统进入了诗的世界,接受诗的测度。诗人是活人的良心,也是死人的祭司,他能推心及人,存心于物,寄意于形,他从诗中昭示出来的诗意能化实为虚,化有为无,化现实为理想,化腐朽为神圣,一句话,化死为永生。诗人的先知先识从根本上说在于他能最先辨认出死神隐去的踪迹,既如此,我们就能从诗中读出自己的命运,预感灵性沦丧的危机。

五、从不朽的渴念到不朽的途径

弗洛姆说过,每一种文化都有应付死亡的问题。希腊人强

调生命,把死亡视为生命的一种朦胧而阴沉的延续,于是表现出对死亡的无畏精神。埃及人寄希望于人体的不朽,于是有了木乃伊和金字塔。犹太人现实地承认死亡的事实,相信人间可以达到幸福和正义的境界,于是他们安于生命的毁灭。人类应付死亡的方式自然多种多样,但是没有哪一种方式能像不朽的观念那样持久地激起整个人类的热情与共鸣,也没有哪种观念像不朽观念那样促使不同文化传统达到惊人的共识。

不朽是相对于死亡而存在的。只因人会死,他才相信不朽,渴念不朽,追求不朽。然而,人是矛盾的,他涵盖着理智与情感,意识与无意识的对立和冲突。在理智上,他清楚自己必有一死,在情感上他却无法接受这样的事实。在意识里,他时时准备对死亡作出必要的反应,在无意识里,他却坚定自己能够永存。西班牙哲学家乌纳穆诺(Migoel de Unamuna)曾以诗意的语言这样写道:

> 每当我观想苍郁原野的宁静或者细看那闪烁着同等灵魂的明亮的双眼时,我的意识总不由自主地澎湃着,我可以感觉到自己的灵魂在拓展,并且自己就像沐浴在生命的光辉里,为此,我相信我的未来;然而,随之而来的却是那神秘的声音在我的耳旁低语:"汝必得死",死神的逝者用他的双翼拍打着我,而我的灵魂的萎缩却以神性的血液清洗精神的最深处。

每个人大概都有过上述的体验,至少有过幻想他人死而复

生的时候。即使一个人愿意放弃自己的生命，他纵可以在别的地方得到补偿。其中或多或少寄托着人类不朽的渴望。在现实生活中很少有人愿意把死和自己联系起来，那些想象自己会死的人也不过是把自己想象成死亡的旁观者，在无意识的朦胧状态里，理性和逻辑的力量都显得微不足道，因为它们把人生的有限性直截了当地摆在我们面前，而不能给生命带来激励与慰安。心灵在经历死亡痛苦的折磨后常常涌现出对永恒的渴念，这是来自无意识深处的热望。唯此热望能使人超出生命的终局，而把目光指向遥远的未来。南宋诗人陆游有诗云：

死去原知万事空，但悲不见九州同。
王师北定中原日，家祭无忘告乃翁。

这首诗是对人在面临死亡时的矛盾心理的真实写照，也是对深藏于人的无意识领域的不朽要求的绝妙注解。对死亡的理智的识见激起诗人对生命短暂的悲哀，而冥冥之中的家祭则让人感到些许的安慰，因为家祭中隐含了活人对不朽的信仰。尽管人们明知死后空空，生命难再，但他们还是无法抗拒永生的诱惑。

按照弗洛伊德的解释，相信永生是人性的最高要求。在无意识中，人人都确信自己长生不死，虽然每个人在哀悼死者时已经体会到死亡的某种滋味，但他还是很难设想自己的死亡，即便他承认自己必有一死，他也只是抽象地承认。死亡引起的肉体变化恰恰使人有了随意想象的余地，妖魔鬼怪的观念即是人不

肯忍受死亡而进行自由想象的直接产物。对死去的亲人的记忆既然无法从人的心头抹掉，这已经表明死者仍以某种形式活在我们的记忆里。对死者的怀念愈切，永生的观念愈深。

在日常意识中，获得不朽的方式五花八门，但是最直接最现实的途径莫过于爱。爱与不朽是同一块钱币的两面。对生命的传递是通过爱来实现的。爱固然意味着灵魂的无遗展露，但更重要的在于爱的双方试图在彼此的奉献中进入不朽。爱的誓言之所以离不开"永远"或"海枯石烂"，这样的字眼，多半是由于人有不死的欲望，在使人感到死亡紧迫的同时爱也把两颗心灵，两种命运融为一体，从而让人觉得自己已被放大，因为相依为命者同守生命的表钟往往忘却了时间的流逝，而世界在爱中缩小则反证了爱的力量的伟大。爱不仅关联着你我，而且关联着世界，关联过去与未来，或者说，爱本身就是永恒的期待。每一销魂的瞬间似乎总是凝固的，在此，大地在震颤，天空在回旋，时间的走向已不复存在，在这种感觉中，人体验到超时间的永恒。

然而，最能体现不朽的不但在于人们欲仙欲死的相互让渡，而且在于爱的成果——种族的绵延。这是获得不朽的第二种形式。许多人常常不能过好自己的每一分钟或全力干好自己应干的事情，而是把希望寄托在子女身上，因为他们把子女看作自己生命的延伸。不管子女是否真能完成自己未竟的事业，子女的存在为他们开辟了生命的无穷可能性，因为子嗣的绵延不绝满足了父母对不朽的渴望。父母死了，子女身上依然流淌着他们的血液，浸润着他们的精神。从这种意义上说，父母的生命的确没有因为死亡而中断。中国人之所以特别害怕没有子女，其中

除有功利性的原因外，还有一个鲜为人们注意的心理因素：没有子女意味着父母的生命得不到延续，不朽的渴念将化为泡影。

祖先崇拜与上述现象同出一源，它是获得不朽的第三种形式。如果说无儿无女对很多人意味着断绝香火，那么崇拜祖先实质上就是在崇拜自己，崇拜不朽。祖先崇拜具有示范作用，作为不朽的象征，它赋予死者以无限的光荣。它的反复演练把死者的形象深深地熔在活人的心灵，并且取得固定的形式。崇拜者则从这里看到了自己的未来：今天崇拜祖先者将来也将作为祖先而为后代所崇拜。我们且不说把死人作为活人来供奉本身已经隐含了对灵魂不死的信仰，那些死亡的掘墓人也隐隐觉得他们是在为灵魂修建长久的住所。

修筑这种住所是对死者的保护，同时也是对灵魂不朽的确认。只有人才懂得保护死者。“在石头尚未被用来盖房子之前，它已经被用来修筑坟墓。不是生者的住屋，而是死者安息的坚固住所，能够经历岁月的腐蚀而常存。”古人们在实行土葬和崖葬时多半要选择精良的墓宅，耐腐的棺槨。达官贵人们在生前求长生之道，死后获厚葬之遇，丰富的葬品和隆重的祭礼早把我们的祖先对永生的向往暴露得淋漓尽致，对数十代的列祖列宗的祭祀也不过源于祖先的灵魂可以庇荫后世，祸福儿孙这一基本观念。当人们把衣锦还乡视为光宗耀祖时，他们实质上已经把自己视为祖先生命的一部分，至少是认为自己承受了祖先留传下来的生命之链。

博取功名与荣耀是常人想换取不朽的第四种形式。人们总想为后人留点什么，以此证明自己的存在。不少人之所以信奉

不芳百世则遗臭万年的人生哲学，正是因为不朽的渴念人均有之。“豹死留皮，人死留名”这句俗语表达了相当一部分人的心理。历史上的伟大名字从来就是永恒的象征，它们固然与艰辛的劳作和对死亡的藐视联系在一起，但对不朽的生羡足以使人创造出彪炳千秋的伟业。荣誉、奖章的诱惑就在于要使人走出自己并成为他人崇拜的精神标示，而死后的册封和追认乃是对死亡的补偿。它以象征性的永恒激励人们为国家和集体的利益而献身。有些人心照不宣地寻求挤满观众的荣誉殿堂，为的是能从中感受到永不消逝的生命气息。我们呕心沥血地投身于自己为之奋斗的事业，为的是自己的生存，他人的幸福，同时也是为了让自己有限的生命寄存在可以影响千万人的无限功业中。祭文、挽联、悼词、墓碑之所以要述说死者生前的功德而不是列数他的错误，正是要通过死者的名字和永垂不朽的事迹来弥补个人生命的短缺。哪里有死亡，哪里就有生命的痕迹。为了常存的生命，有些人夜以继日地工作，甚至可以赴汤蹈火。如果否认对不朽的追求在推动文明进程中的巨大作用，那实在是认识的浅薄造成的。

对于彻悟生死的人来说，声明毕竟是身外之物，不过是虚幻的不朽。尽管如此，仍有不少人宁愿为此而献出宝贵的生命。对不朽的近乎狂热的执迷不断泛起那些崇尚精神力量的著作家的创作热情。诗人歌德十分坦率地道出了心中的秘密：“人应该信仰不朽，人拥有这种信仰的权利。这是符合人的天性的。……就我而言，自己灵魂的永存可以通过对自身能动性的理解来证明。假如我至死奋斗不休，自然肯定会在现在这种存

在形式不能承受我的灵魂的情形下，给我一新的存在形式。”①作品是作者的存在形式，或者说是作者贵存的生命，因为它聚凝着作者的心血，当作者的名字和思想随着作品而留传后世时，他的确在某种程度上活在后人的心中。

不消说，世上有一种人仅仅是为了不朽而创作，他们坚信作品的不朽可以带来人格的不朽。即使饱受痛苦的煎熬，他们仍对自己的永恒性充满热情和信心。卡尔德隆在戏剧《人生如梦》中如此写道：

> 让我以永恒的事物为目标，在其中
> 荣耀不会衰退
> 幸福不会消失
> 伟大也不会中止。

尝试以声名而求得不朽似乎有些虚妄，但在人们尚不能做到死守善道之前它却是生命得以肯定自己的特殊方式。这种方式客观上孕育过许多耀眼璀璨的作品，驱策着无数才志之士献身于思想的事业，人们始终相信，人留下了作品也就等于留下了自己，留下了痕迹，留下了历史的怆痛和幸福，也留下了千百万人对自己的记忆和敬仰。

生活表明，上述种种不朽的观念是人类用来对抗死亡的现存方式，它告诉我们，真正的不朽应该到现实生活中去寻求，不

---

① 爱克曼辑录：《歌德谈话录》。

管人们是否自觉到这一点，他们除了生存的基本需要外，还要用自身的行为证明自己尚且活着。与宗教的来世相比，上述不朽观念更着眼于现实的人生，更富有积极的进取精神。

然而正是上述不朽观念成为所有宗教得以产生和存在的基础。虽说宗教的最终目的在于使生活的苦难和人的死亡变得易于忍受，但它不是企求改变生活本身而仅仅是改变人对苦难和死亡的态度。当宗教试图克服生与死的分裂，抹平生与死的区别时，它便向人的超生脱死迈出了关键性的一步，于是，宗教便以死后的复生来安慰忧心忡忡的人们。基督教宣称："必朽的总要变成不朽的，必死的总要变成不死的。"它让基督受难死亡然后复活升天。所以，马丁·路德说："基督的死使人产生信仰。"信仰什么呢？自然是信仰永生。在此，死亡成了永生的前提。道教要求人修身养性，积德行善，以便得道成仙。所谓成仙，讲到底就是长生不死，逍遥无虑；佛教则宣布人生苦海无边，生死之轮常转，只有灰身灭智，进入涅槃，人才能消除苦难，得以永存。

如此之多的宗教许诺无非是要人等待来世。系心幽冥，以此减轻人对死后虚无的恐惧。也许人都有补偿心理，只要他认定今生的苦难可以来生得到补报，他就可以接受眼前的一切，甚至包括那即将来临的死亡，复苏的前景涵在对苦难和死亡的忍耐中，而安息的灵魂依然不会忘却永生的魅力。尽管信仰的真空一再被理性所侵占，而为大多数宗教所蔑视的物质享乐也不断代替对天堂的梦想。尽管人类几千年来极尽宗教以外的精神努力去适应个体死亡的事实，并且使得永生的观念不再像过去

那样广为流行，但人类对死后复生的幻想并未绝灭而是采取了别的形式。

如今，人们对科学的力量抱着宗教般的感情，有人甚至相信科学终有一天能使人永葆青春。躺在美国冷冻库里的癌症患者们正是出于对科学的坚定信念而暂时中断了自己的生命，等待科学在下个世纪甚至几个世纪以后给他们起死回生。如果此种方法真能奏效，人们何不在每个世纪都生活几年呢？这样，人不是可以同样实现永生的理想吗？

图书在版编目(CIP)数据

精神生命　超越当下——老年生死教育读本/汪堂家著.—上海：复旦大学出版社,2017.12
(老年生命教育系列)
ISBN 978-7-309-13427-8

Ⅰ.精…　Ⅱ.汪…　Ⅲ.①老年人-生命哲学②老年人-死亡哲学　Ⅳ.B083

中国版本图书馆 CIP 数据核字(2017)第 304151 号

精神生命　超越当下——老年生死教育读本
汪堂家　著
责任编辑/方尚芩

复旦大学出版社有限公司出版发行
上海市国权路 579 号　邮编：200433
网址：fupnet@fudanpress.com　http://www.fudanpress.com
门市零售：86-21-65642857　团体订购：86-21-65118853
外埠邮购：86-21-65109143　出版部电话：86-21-65642845
上海浦东北联印刷厂

开本 890×1240　1/32　印张 3.875　字数 77 千
2017 年 12 月第 1 版第 1 次印刷

ISBN 978-7-309-13427-8/B·654
定价：25.00 元